U0571559

汽车销售实务

（第 2 版）

主　编　高腾玲　王　旭
副主编　王翼飞　董志会　刘　洋　李　响
参　编　李跃柏　杨秀丽　宋　微　王　臻

北京理工大学出版社
BEIJING INSTITUTE OF TECHNOLOGY PRESS

图书在版编目（CIP）数据

汽车销售实务 / 高腾玲，王旭主编. -- 2 版. -- 北京：北京理工大学出版社，2023.10
ISBN 978-7-5763-2987-2

Ⅰ. ①汽⋯ Ⅱ. ①高⋯ ②王⋯ Ⅲ. ①汽车-销售-职业教育-教材 Ⅳ. ①F766

中国国家版本馆 CIP 数据核字（2023）第 200841 号

责任编辑：王玲玲　　　　**文案编辑**：王玲玲
责任校对：刘亚男　　　　**责任印制**：李志强

出版发行 / 北京理工大学出版社有限责任公司
社　　址 / 北京市丰台区四合庄路 6 号
邮　　编 / 100070
电　　话 / （010）68914026（教材售后服务热线）
　　　　　　（010）63726648（课件资源服务热线）
网　　址 / http://www.bitpress.com.cn

版 印 次 / 2023 年 10 月第 2 版第 1 次印刷
印　　刷 / 涿州市新华印刷有限公司
开　　本 / 787mm×1092mm　1/16
印　　张 / 14.25
字　　数 / 264 千字
定　　价 / 74.00 元

前　言

当前，新一轮科技革命和产业革命引发了新一代信息技术与制造技术的深度融合，汽车产业也随之迎来了变革。在新的市场环境下，汽车销售人员将面临新的挑战。《汽车销售实务》教材的再版正是为了适应这一需求，为党育人，为国育才，为汽车销售行业培养德才兼备、思维开拓、富有社会责任感、充满进取精神的销售菁英。本书以立德树人为根本任务，结合高等职业教育改革的实际，根据汽车销售企业对汽车销售业务人员的岗位能力要求，按照任务式教学思路编写。本书着重培养学生的汽车销售能力，使其能够在汽车销售岗位上胜任工作。

本书坚持价值引领，将党的理论创新成果有机融入，守正创新，将价值塑造、知识传授和能力培养三者融为一体，围绕汽车销售核心工作流程展开，融合"岗、课、赛、证、训"，以工作过程为引领，设计八大项目，让学生在完成项目过程中，提升综合素养，掌握专业知识，提高实践能力。本书辅以数字化资源和多元评价，丰富了教学设计，强化了价值引领，彰显了特色及优势，推动教学改革新成果、学科专业发展新成就进教材。

本书项目一、项目二由李跃柏、杨秀丽老师编写，项目三、项目四由王翼飞、李响老师编写，项目五、项目六由王旭老师编写，项目七由董志会老师编写，项目八由高腾玲、宋微老师编写，最后由高腾玲、王旭两位老师进行统稿完善，刘洋、王臻两位老师也参与了本书实践部分的编写。教学视频由高腾玲、董志会、李响老师录制。本书第一版于2010年出版，理实一体的风格得到了读者的广泛认可，在职业院校汽车专业专业被广泛应用。此次再版过程中，得到一汽红旗、一汽-大众、一汽-大众奥迪、一汽丰田、雷克萨斯等汽车经销商的大力支持，在此，我们由衷地表示感谢。

最后，我们也欢迎广大读者提出宝贵意见和建议，以便我们在未来的修订中不断提高教材的质量。

编　者

目 录

案例导入

客户开发渠道——新媒体营销

　　贾勇强，2017年6月入职一汽大众华之城汽车销售服务有限公司，实习期间积极应用新媒体方式宣传，他利用抖音、快手等平台，在自己下班及业余时间拍摄视频短片等，受到了很多粉丝的关注，也为该4S店的新车型进行了宣传。在2019年年末，提升为店内的市场主管。工作期间他坚持利用新媒体进行宣传及开展直播，带领团队以最低的成本换取最高的回报，很多销售顾问也利用业余时间和他一起进行拍摄和直播，与此同时，培养了一批优秀的销售顾问。2021年因业绩突出被提升为市场总监。

　　他曾接待过一位客户王先生，三十岁左右，是一名从事网络开发相关工作的精英。王先生是通过看抖音认识贾勇强的，也非常喜欢他的段子，于是就通过抖音中的地址直接到4S店里找贾勇强。贾勇强在接待王先生时有点吃惊，因为该客户没有提前预约，也不认识，而且王先生是第一次到店，于是贾勇强幽默地问王先生他们是不是见过，看着很熟悉。王先生说见过，而且见过很多次，接着说："我对你在段子中的表现很感兴趣，想和你聊聊，同时我想换一台车，看见你昨天在直播中介绍的探岳，我对2018款280TSI两驱豪华智联版比较感兴趣，就找到了你。"这是贾勇强第一次接待新媒体集客的客户，非常开心，于是他就带着王先生入座，并倒了一杯咖啡，二人进行了老友式的聊天，贾勇强并没有介绍太多的车辆信息，而是针对客户比较喜欢的抖音段子如何拍摄、如何集客的问题进行了深层次的交流和探讨，王先生在交流的过程中也非常开心，希望和贾勇强能够做朋友，希望在新媒体应用方面可以经常进行沟通和交流。最后王先生对车辆也没有太多问题，直接接受了贾勇强的推荐，交了定金，转天提车。

自此之后，贾勇强在店内经常有陌生的客户找他，他的客户很多都是慕名而来的。他通过新媒体的应用让自己的工作变得得心应手，不会因为销量的问题而烦恼。

阅读案例，思考以下两个问题：

1. 你是如何看待通过新媒体营销渠道开发客户的效果的？

2. 分析一下，金牌销售顾问是如何促成本单的？

学习目标

素养目标：

1. 通过案例分析、视频示范，培养学生爱岗敬业的精神和良好的沟通能力；

2. 通过强化文化自信，培养学生树立新时代价值观；

3. 通过多种教学手段的应用，培养学生以客户为中心的服务意识和专业、诚信的职业素养，践行诚信、友善、敬业的价值准则。

知识目标：

1. 掌握客户开发的渠道；

2. 掌握线上推广的方法；

3. 掌握客户邀约策略及话术。

能力目标：

1. 能够通过多渠道获取客户线索；

2. 能够应用邀约话术邀请客户到店。

任务 1-1   市场推广活动

 **课前导学**

1. 登录 http://www.zhihuishu.com/，学习《潜在客户开发》。
2. 完成在线测验题并参与话题讨论。

课中研学

任务引入

某品牌汽车经销店地处城市开发区，新店开业，周围人流少，配套设施尚不完善，为保证经销店正常经营，急需开发客户资源，与上级公司派驻的管理人员多次商讨，不遗余力地做好品牌宣传，吸引客户到店。张宇作为经验丰富的销售顾问，也积极为公司献计献策。思考：

1. 客户开发的渠道有哪些？
2. 互联网时代，客户开发的有效方法有哪些？

任务描述

李杰是某汽车销售服务公司的销售顾问，近期店内客户流量下降，店长让每一个销售顾问思考集客的推广方式。如果你是李杰，你会采取哪些市场推广方式来集客呢？

探究学习

活动 1   客户开发渠道优缺点分析

* 当前，为提高汽车品牌知名度，汽车品牌及经销商会通过各种方式进行宣传推广，从而引起客户关注，开发潜在客户。你认为汽车品牌及经销商会通过哪些方式开发潜在客户？不同的客户开发渠道有哪些优势和不足？
* 以小组为单位进行讨论，完成任务单并进行分享汇报。

客户开发渠道分析任务单

姓名：_____　　班级：_____　　学号：_____

客户开发渠道	优点	缺点

任务评价	学生自评	
	教师评价	

活动 2　汽车产品宣传与推广

- 利用新媒体方式进行汽车产品的宣传与推广，可任选软文、短视频、直播中的一种方式制作方案，发布作品。
- 以小组为单位完成方案设计、作品创作，并进行展示分享。

汽车产品宣传与推广任务单			
姓名：_____　　班级：_____　　学号：_____			
任务名称	线上推广活动	建议用时	30 分钟
任务目标	使学生熟练掌握软文、短视频、汽车直播等线上推广方式 熟练使用营销工具配合线上营销		
任务实施过程记录			
步骤	准备内容		
活动创意			
活动目标			
活动诱导	1. 话题 2. 奖项		
活动形式			
活动平台			
活动推广 方式			
预期效果			
任务评价	学生自评		
	教师评价		

任务评价

1. 探究学习活动 1 评价表。

客户开发渠道分析任务评价表					
评价指标	分值（10分）	（　）组	（　）组	（　）组	（　）组
语言表达逻辑清晰	2分				
分析观点有理有据	4分				
应用实践案例	3分				
展示礼仪规范	1分				

2. 探究学习活动 2 评价表。

汽车产品宣传与推广任务评价表							
考核重点	考核标准	分值（10分）	（　）组	（　）组	（　）组	（　）组	（　）组
活动创意	新颖，结合事实	1分					
活动形式	创新性、有效性	2分					
活动平台	平台选择合理	2分					
活动推广	有吸引力、启发兴趣	2分					
文字能力	软文及话术规范、思路清晰、有吸引力	3分					

相关知识

随着汽车市场的不断发展，即使是强势品牌，也正在逐渐失去原有的吸引力，原来那种单纯等待客户自己上门的营销方式已经过时，难以满足4S店的经营需求，需要更加有效的方式将客户吸引到展厅。在对客户渠道信息来源、客户来源进行分析后，有针对性地选择广告载体，达到宣传效果最大化，是提高销售服务中心知名度和增加潜在客户开发数量的方式之一。

在数字时代，传统的直接等待客户上门的营销方式已经很难获得客户，哪怕是强势品牌，也正在逐渐失去原有的吸引力。

随着数字化和大数据应用的普及，线上线下互动在各个行业都日趋成熟。汽车经销商必须利用各种层出不穷的移动互联工具，开发、连接、管理和服务好客户。每天通过网络和电话向经销商咨询的客户数量与日俱增，每天通过各种互联网平台留下购车线索和痕迹的客户规模不断扩大，这些客源信息与销售机会已经成为经销商最宝贵的资产，这也是客户开发工作的面临的新形势、新机会。

客户开发业务流程图如图 1-1 所示。

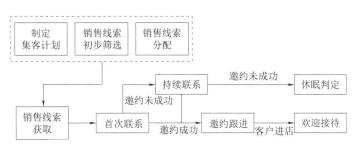

图 1-1   客户开发业务流程图

客户开发工作是整个销售流程基础，它不但决定了集客的数量、客户到店的机会，也在某种程度上形成了客户对品牌、经销商的第一印象。

在客户开发阶段，行动目标是以销量为导向形成客户开发计划，完成集客目标；主动跟进各销售线索，最大化实现邀约到店及潜在客户转化。

一、潜在客户

所谓潜在客户，是指存在购车需求且具备购买汽车能力的客户，这类客户与销售顾问或企业存在成交的可能。经过企业及销售顾问的努力，可以把潜在客户转变为现实客户。

我们的潜在客户在哪里？在寻找潜在客户的过程中，可以参考以下"MAN"原则：

M：Money，代表"金钱"。所选择的对象必须有一定的购买能力。

A：Authority，代表购买"决定权"。该对象对购买行为有决定、建议或反对的权力。

N：Need，代表"需求"。该对象有对汽车产品或服务的需求。

具备这些条件的"潜在客户"是理想的开发目标，但在实际操作中，会碰到表 1-1 所列状况，应根据具体状况采取具体对策。

表 1-1   潜在客户判定依据

购买能力	购买决定权	需求
M（有）	A（有）	N（有且较大）
m（无）	a（无）	n（无）

其中：

·M+A+N：是有望客户，理想的销售对象。

·M+A+n：可以接触，配上熟练的销售技术，有成功的希望。

·M+a+N：可以接触，并设法找到具有 A（有决定权）之人。

·m+A+N：可以接触，需调查其业务状况、信用条件等给予融资。

·m+a+N：可以接触，应长期观察、培养，使之具备另一条件。

·m+A+n：可以接触，应长期观察、培养，使之具备另一条件。

·M+a+n：可以接触，应长期观察、培养，使之具备另一条件。

·m+a+n：非客户，停止接触。

由此可见，在潜在客户欠缺了某一条件（如购买力、需求或购买决定权）的情况下，仍然可以开发，只要应用适当的策略，便能使其成为企业的新客户。

二、线下推广集客

1. 展厅集客

展厅集客，是通过信息传播和说服活动，接待直接到店的个人、组织或群体，促使他们再次到店，最终完成成交转化，是一种守株待兔式的集客。

潜在客户
开发技巧

集客的本质是潜在客户的开发，最终目的是成交，并非邀约客户到店。所以，即使是已经到店的客户，只要未完成购买，也依然是集客的对象。

由于自愿来店客户对品牌及产品有一定了解，不仅免去了邀约客户来店的环节，而且客户通常不排斥与销售顾问沟通，展厅集客的成功率相对较高，即使不能立刻决定购车，专业的接待也增加了最终成交的可能。

展厅集客是最基础的集客形式，但随着汽车市场竞争的加剧、互联网行业的高速发展，展厅集客压力越发巨大，守株待兔式的展厅集客已经不能满足经销商当前的需要，一般需要结合其他几种集客形式共同进行。

2. 全员转介绍

全员转介绍，是指充分调动经销商全体员工和基盘客户的积极性，促进销售、挖掘潜在客户。外部环境竞争越来越激烈，但在内部环境中却往往忽略了一些可利用的机会。可以通过聚焦经销商的员工及基盘客户，利用员工及基盘客户进行"老带新"的销售方式，使销售线索增加，为销售带来更多的商机，保证不让任何一位潜在客户从我们身边溜走。

全员转介绍的优势包括：拓增新的销售渠道与方式；增加更多销售机会；有利于经销商美誉度传播；提升员工工作积极性。

3. 借势集客

借势集客是指借助厂商、销售部、售后部的宣传活动，引导市场消费，提高客户对产品与品牌的认知，吸引客户到店，促进客户接受我们提供的商品或服务。借势集客往往与市场活动结合进行。

4. 市场活动集客

市场活动集客是指汽车经销商为了尽可能多地实现潜客留档而举办多种市场活动，包括车展、户外展示及活动、拍卖、品荐会等。

通过这些市场活动，一般能够较好地实现客户留档，便于企业事后邀约客户到店，最终实现成交。

三、线上推广集客

随着数字时代的到来，消费模式已经发生了改变，传统的集客方式已经很难满足经销商的集客数量与质量要求，各种基于网络、数字工具、智能手机的新的集客方式应运而生。

1. 汽车垂直网站集客

汽车垂直网站能够提供汽车资讯平台，沟通客户与经销商，有利于促进最终交易形成。相关汽车网站包括三大类。

汽车新媒体
营销推广

第一类是品牌汽车官网，如大众中国、丰田中国等，能够提供相关品牌的汽车配置、价格、销售地点等信息，方便客户沟通临近的经销商。

第二类是专业汽车网站，包括汽车之家、易车网、爱卡汽车等。提供专业的汽车咨询，能够对各品牌汽车的配置、价格、销售信息进行汇总和横向对比，提供产品点评信息，附带论坛功能，方便潜在客户进行交流。

第三类是门户网站的汽车频道，包括搜狐汽车（搜狐汽车频道）、新浪汽车、网易汽车等，也能提供汽车分类资讯，流量相对更大，但专业性不如专业汽车网站，客户浏览转化率更低。

使用汽车网站的集客平台是经销商在网络营销中最常用的一种方式，数据显示，在中国 20 000 多家授权汽车经销商中，有 15 000 多家经销商正在使用或曾经使用过各大汽车类网站推出的集客平台。普遍认为网络线索的到店率比较低，一般只有 5%~8%，但是到店后的成交转化率能够高达 90%，所以，争取潜在客户进店是实现成交的重要一步。随着汽车市场竞争的加剧，厮杀从传统的车展、店头线下延伸到了线上，大多数汽车经销商都无法放弃汽车垂直网站集客。大型汽车网站集客平台现在成为厂家针对经销商考核的重要指标，论坛回帖、促销信息都要考核。

汽车网站平台能够收集到销售线索，最主要的原因是，汽车网站在购车人群的主要浏览路径上设置经销商信息触点，引导购车网友获知经销商信息去主动联系，或引导网友给经销商留下线索。例如，一个网友如果对某个车型产生了购买意向，他必然会查询该车型的价格、经销商促销信息，而汽车网站的集客平台会将经销商自行录入的促销信息在网友的查询路径中适时出现，这样网友会欣喜地看到自己想知道的信息，从而会很有兴趣地进入经销商的网络平台，和经销商建立联系，比如打电话、留言或者主动留下自己的联系方式给经销商等。这样，经销商就会收集到精准的潜客线索。

汽车网站集客平台所集客户相对精准，一般为潜在购车客户，周期为 1~3 个月，并且一般客户线索都有区域划分，避免跨区域探价的可能，线索均需要后期及时跟踪回访，邀约到店。这些潜在客户一般在多家店、多个品牌留下销售线索，价格是关键原因。在众多的垂直网站中，个别汽车网站集客平台线索量大、相对成本低。强势汽车品牌开通这些汽车网站集客平台的投资回报率非常高；但对于弱势品牌，品牌宣传与增加曝光量的作用更大一些。

2. 数据库集客（IDCC）

随着科技与经济的飞速发展，消费者的购买行为和习惯发生了变化，由过去的单一通过店面和媒体获取信息，转为线上线下多元获取信息，购买行为和信息接触前移，消费者会在整个过程中接触线上和线下信息，并获取信息体验。各个时期的销售信息接触点都会影响消费者的预期和体验，只有让信息资源共享，线下互动体验和线上传播并行互补，线上线下立体互动，才能满足客户的购买体验需求。IDCC 业务应运而生。

IDCC（Internet and Dealer Call Center，网络与电话营销中心）指经销商用网络媒体集客、电话邀约客户进店，最终实现销售业务的流程。通过不断重复地对客户黏性跟进，以确保在客户打算购车时，首先想到联系频率最高的那个人，从而实现对所有潜在客户资源的充分利用。

IDCC 业务组成包括三个部分：网络营销业务、呼叫中心业务和在线销售业务。具体业务执行流程中包含三大核心关键环节：一是捕获更多网络线索量；二是邀约进店量；三是将到店客户转化成订单。

发展 IDCC 业务，应充分发挥微信等即时通信工具的优点，减少重复拨打电话的工作量，改变黏性维系方式，降低重复邀约工作强度，降低邀约人员的情绪劳动强度。

IDCC 部门的主要任务包括：

①经销商网站的建设及后台维护工作；

②网络资讯与政策发布、推送和档期管理工作；

③汽车垂直广告、新闻等撰写发布工作；

④正常档期价格政策、车型介绍等发布和车型推荐等工作；

⑤网络中所有线索的跟进管理及督促分配。

3. 搜索引擎集客

各个汽车经销商现在都在做数字营销，除了传统的汽车类垂直媒体以外，搜索引擎是汽车经销商集客的另一个有效途径。

搜索引擎集客是汽车经销商采用各种增强网站搜索引擎可见度的手段，包括提高网站搜索引擎优化水平以及购买相关的搜索引擎关键词广告等，增加网站曝光度，以期通过互联网渠道驱动更多地访问量到他们的网站和在线展示厅，最终增加实际购买的客户量。

4. 自媒体集客

1）微博集客

微博，即微博客，是一个基于用户关系信息分享、传播以及获取平台，用户可以及时更新简短的话题，并以公开的方式进行发布。利用微博平台进行集客的方式称为微博集客。

新浪微博作为国内唯一的微博客，是国内最具影响力的自媒体平台之一，随着互联网产业的发展，微博牢牢占据传统桌面端与移动互联网客户端两大自媒体战场优势地位，如图1-2所示。据统计，微博用户群中，受过中高等教育的人群占比较高、用户层次年轻化、倾诉欲望强烈，与汽车消费主体有较好的重合度，天生是汽车经销商开展集客的优良平台。

图1-2 兰博基尼新浪官方微博页面

企业开展微博营销与集客，不但容易增加潜在客户的数量，对客户关系的维护也能起到积极作用。

经销商建立一个官方微博，搭建事件营销环境，能够快速地吸引微博用户关注，方便企业开展话题营销或维护客户关系。品牌维护较好的经销商可以借助微博与潜在客户互动，定位精确，集客效果更好。

微博集客的主要特点包括：

①微博是品牌营销的有力武器，微博用户群活跃度高，用户群广泛，企业与经销商易于开展借势营销与加入热门话题，容易引起用户共鸣。

②微博可以为企业提供用户追踪服务，在追踪模式中，可以利用"品牌频道"开展

对产品、品牌的信息传播，并可与客户直接对话，缩短了企业对客户需求的响应时间。

③与传统的互动营销相比，微博的互动形式可以打破地域人数的限制，当地甚至全国用户都可能成为互动营销的参与者。更重要的是，来自不同地区的志趣相投者实时沟通，可以进行深度交流。品牌的烙印会在体验与关系互动中更加深刻。

④微博可以刺激用户热情，通过转发抽奖等形式，可迅速积累粉丝数量，提高企业或经销商的微博影响力。

微博集客的开展自由度很高，只要遵循几个基本的原则，就可以顺利开展集客活动。

①微博集客投入不高，但需企业及经销商长期坚持，慢慢积累用户，积极与用户交流，提升微博影响力，初期可利用微博转发抽奖等环节快速提升粉丝数。

②要开展微博营销的企业及经销商店，应设置专门的微博营销专员，根据社会热点设置热门话题标签，让搜索结果处于前列。

③创造有意思的体验和互动，吸引用户主动交流。主动搜索行业相关话题，主动与用户互动，定期举办互动，能够带来快速的"粉丝"增长，并增加其忠诚度。

④有规律地进行微博动态更新，如确定每天发布的数量、发布时段、内容类别等。

2）微信集客

微信是腾讯公司推出的一个为移动互联网终端提供即时通信服务的免费应用程序，已推出朋友圈、公众号、游戏中心、小程序、微视等模块，可实现点对点沟通、信息推送、自媒体、支付等功能。

微信不仅深入每个用户的生活，更被大量的企业广泛应用，对企业而言，微信既是一个免费的推广途径，又是一个可以帮助企业进行营销的好渠道。通过微信渠道将品牌推广给上亿的微信用户，可以减少宣传成本，提高品牌知名度，打造更具影响力的品牌形象，成为最新的营销手法。

利用微信进行集客的活动称为微信集客。根据微信所提供的功能不同，汽车行业所使用的微信集客主要有两种方式：一种是销售顾问对客户的集客行为，可称作"钓鱼式"微信集客；一种是企业或经销商店对社会公众的集客行为，可称为"撒网式"集客。前者主要使用的是微信的点对点即时通信、朋友圈、微信群等功能；后者主要使用公众平台、小程序等功能模块。

微信集客的特点：

①实现信息传递的扁平化。对个体的销售顾问来说，微信的真正价值在于将信息传播渠道扁平化，销售顾问不用通过烦琐的链条就可以将信息直接推送给客户，减少信息传递的中间渠道，提高了反馈速度。

②进行简单的客户关系管理。合理使用微信，可以对客户进行简单的管理。主动积

极添加客户的微信，销售顾问就可以不必借助其他广告渠道，而是直接利用微信进行直接的沟通、互动、答疑、邀约、付订金、预约试驾等活动。

③进行"弱关系"维护与管理。通过微信朋友圈功能，可向客户展示销售顾问积极的一面，逐渐增加客户的好感，达到"弱关系"的管理和强化。

我们把拥有对方电话，可随时沟通的客户，称为"强关系"客户，我们手机通信录里的联系人大多属于强关系；把只聊过天，还没有熟悉到拥有客户电话的关系，叫作"弱关系"。我们的微信联系人中，大多数联系人可能属于弱关系联系人。之前并没有合适的工具进行弱关系的维护和管理，过强的联系，比如主动沟通客户，会让客户有束缚感和不安全感，而过弱的联系最终又会失去客户，微信朋友圈的出现，刚好可以把握这种不弱不强的状态，联系却又不至于束缚客户。

微信集客的建议：

①积极的微信头像是良好的开始。

由于微信集客的实施者主要是销售顾问，所以，在客户心中创造一个良好的个人形象至关重要，打造良好形象的第一步就是设置一个积极、专业、阳光等属性的微信头像，可同时更改微信昵称为便于用户记忆的昵称，如"丰田小辣椒""大众二手车小刚"等，同时可把个人联系方式加到个人昵称中，方便客户与自己直接电话交流。

②善用微信"群"功能。

合理使用微信群聊功能，可以将自己的老客户、意向客户分别加群，从服务老客户的角度，为老客户提供咨询等服务，并有利于老客户转介绍。销售顾问可以有意识地加入一些本地群，如品牌粉丝群、车友群等，合理利用群聊功能，定位客户、建立私聊，邀约到店。

③微信集客要掌握好"度"。

微信集客要注意掌握私与公的尺度，不要影响客户的私人生活，在客户朋友圈中，做一个不甘寂寞的"小透明"，默默地刷高客户的熟悉度与好感度，做一个客户朋友圈点赞机器。销售顾问平时应注意不要发太过私密的朋友圈，对客户较为私密的朋友圈不要点赞、评论，一旦引起客户反感，很容易被客户拉黑。比如，客户发表的积极阳光的朋友圈及求投票的朋友圈，要尽可能支持；对客户抱怨的朋友圈，不要点赞和评论，不要指责客户、讽刺客户。可以通过朋友圈提醒公司近期的有关促销活动。

④可以利用定位功能邀约附近的用户。

因为经销商主要服务周边的客户，客户看车、咨询、试驾喜欢就近选择经销商，善用微信定位功能，更容易邀约用户。

⑤合理利用朋友圈功能展示自己。

在合理的范围内积极展示自己，如努力工作的一面，年青人有朝气的一面，积极阳光一面，比如早出晚归的朋友圈、自驾旅游的朋友圈图片等。在朋友圈内不发个人生活琐碎和烦恼的事。

微信运动也是我们展示自己积极有朝气的一个有利途径，不妨打开微信运动功能，向客户展示健康的生活，提升自身形象，提高客户的信赖感。

⑥合理使用微信的语音沟通。

微信与其他即时通信软件相比，可以进行直接的语音沟通，特定情况下提高了沟通效率。但是注意不要乱用语音功能，使用语音是为了方便客户，不是方便自己。比如，对待年纪大的客户，为了方便客户理解，可以使用语音沟通，但对于年轻客户，则尽量使用文字。提升客户的阅读效率，不粗暴侵犯客户的社交距离。在使用语音沟通时，除非必要，不发语音；发语音前要构思好内容，不要边想边说；不发长语音，尽量简洁凝练；对于难以简单说明的事，可征求对方同意后直接微信电话沟通。

3）微信公众号集客

微信公众平台，简称公众号。曾命名为官号平台、媒体平台、微信公众号，最终定位为公众平台。可以利用公众账号平台进行自媒体活动，进行一对多的媒体行为活动，如经销商通过申请公众微信服务号，二次开发展示其微官网、微会员、微推送、微支付、微活动、微报名、微分享、微名片等，已经形成了一种主流的线上线下微信互动营销方式，如图1-3所示。

图1-3 某经销商微信公众号

①微信公众号线上集客。

目前，微信公众号分为订阅号、服务号 2 种，加上为企业提供服务的企业微信和小程序，一共有 4 种可用于企业集客的相关应用。

➢ 订阅号：主要偏向于为用户传达资讯（类似于报刊），认证前后都是每天只可以群发 1 条消息。

➢ 服务号：主要偏向于服务交互（类似于银行、114，提供服务查询）。认证前后都是每个月可群发 4 条消息。

➢ 企业微信：是一个面向企业级市场的产品，是一个独立的 APP、好用的基础办公沟通工具，拥有最基础和最实用的功能服务，专门提供给企业使用的产品，适用于企业、政府、事业单位或其他组织。

➢ 小程序：是一种新的开放功能，开发者可以快速地开发一个小程序。小程序可以在微信内被便捷地获取和传播，同时拥有出色的使用体验。

最常用的订阅号与服务号的区别见表 1-2。

表 1-2　最常用的订阅号与服务号的区别

功能权限	普通订阅号	微信认证订阅号	普通服务号	微信认证服务号
消息直接显示在好友对话列表中			√	√
消息显示在"订阅号"文件夹中	√	√		
每天可以群发 1 条消息	√	√		
每个月可以群发 4 条消息			√	√
无限制群发				
保密消息禁止转发				
关注时验证身份				
基本的消息接收/运营接口	√	√	√	√
聊天界面底部，自定义菜单	√	√	√	√
定制应用				
高级接口能力		部分支持		√
微信支付-商户功能		部分支持		√

对于经销商来说，可以同时建立订阅号与服务号，将潜在客户和车主分开服务。

订阅号：主推购车促销活动，针对潜在客户，广告宣传次数多，天天都能发。这样每天的活动和热点都能轻松发送，时效性强，能及时辅助销售活动。

订阅号无须引导客户关注，不必追求粉丝量，其旨在为经销商提供灵活的购车引导内容，方便宣传和推广。

服务号：主推服务内容，针对车主，每个月的重大活动能够直接推送到车主面前，增加曝光率；同时能够直接赋能经销商在线服务，如在线商城、电子优惠券、保养咨询、在线续保、车主活动等，大大提升经销商综合服务能力。

服务号需引导车主关注，培养客户忠诚度，通过各种线上服务和项目，提高线上转化率，提升整体盈利水平。

②公众号线下集客。

线下集客的本质是把线下发现的潜在客户转化成微信、微博、短视频账号的线上用户，以期后期不断地与客户进行接触，最终实现客户购买意向的达成。

线下是搜集微信精准粉丝的最佳渠道，所以汽车经销商就要认真做好线下客户的积累，而不是盲目地利用各种网络渠道去推广公众号和二维码。微信营销的关键不在于客户数量，而是客户质量，只要有精准的"粉丝"，即使"粉丝"量只有几百人，也能把"粉丝"非常有效地转化成购买者。

线下客户转化成线上客户的主要方式包括：

➤ 门店转化：在经销商店内各个显著位置展示微信公众平台二维码等。

➤ 名片转化：在所有员工的名片显眼处印上微信公众平台二维码等。

➤ 活动转化：举办线下路演活动时运用微信二维码，如关注微信公众号即可参加抽奖活动，能更好地发展"粉丝"。线下活动是当前推广企业微信和增加微信"粉丝"的最佳方式。

➤ 联合推广：在进行报刊、电台广播等广告宣传中，将微信号和二维码以微信活动的形式投放到媒体上，再和当地的纸媒或当地的微信公众号等进行联动推广，会起到更加明显的作用。

4）短视频集客

随着移动互联网的高速发展，手机端的短视频平台成为继微博、微信之后崛起的流量大户，很多经销商已经将短视频平台作为主要的线上集客手段，希望能够引流线下用户。目前主流的短视频平台有抖音、快手、微视、全民小视频、抖音火山版、美拍、秒拍等，年轻人更青睐抖音和快手，这也是进行短视频引流的主要平台。

以市场占有率高达60%的抖音短视频平台为例。当一条短视频上传审核通过后，系统会先将视频进行兴趣分类，通过大数据分析，将视频推送给经常阅读这类视频的部分用户，而后会根据对该部分人群浏览后的完整播放率、点赞量、评论数、转发量进行数据分析，再根据视频数据质量决定是否继续推荐给更多人群。

①短视频平台引流。

短视频平台的引流和运营与微博、微信相似。需要注意的是，短视频平台相比微博与微信公众号有更加碎片化、快餐化、娱乐化的特点，想要引流，需要先"养号"。养号是一个需要长期坚持的过程，并不是火了，就可以不用再养号了。

养号是指在发布作品之前，先去观看和点赞别人的作品，让系统判断你是一个正常的用户，如果一注册用户就发布作品，则很容易被系统判断为营销号，即容易被"限流"。

②短视频特点。

➢ 短小精悍，内容有趣；

➢ 制作简单，生产成本低；

➢ 传播速度快，交互性强；

➢ 信息接受度高；

➢ 精准营销，效果好。

③短视频内容。

常见的汽车类引流短视频可分为以下几个类别，即：

➢ 搞笑"吐槽"类：此类短视频以解说为主，吐槽社会热点问题或现象，引起争议较多，不适合经销商进行引流。

➢ 路人访谈类：可对路人进行访谈，询问路人对汽车品牌的看法或购买倾向等。

➢ 车辆技巧类：可介绍车辆使用中的小技巧、操作方式等。

➢ 搞笑剧情类：这是最适合进行汽车引流的短视频类型，可以汽车经销商为故事背景，以员工为主人公，展示品牌、车型和员工，内容积极向上，容易引起客户的好感。目前很多经销商的员工都在尝试利用上班时间自导自演。

➢ 个人才艺类：偶尔展示才艺，比如展示舞蹈、技艺等。对热门才艺短视频进行"复刻"与"致敬"，这是短视频平台中普遍接受的做法，不属于抄袭行为，越火的视频越容易被"致敬"。

④短视频引流的注意事项。

➢ 抖音平台已经开通汽车经销商官方抖音商家号，以及在线集客商家后台，可以进行商品展示，实现线索收集的渠道，所以抖音是可以实现集客的。

➢ 销售顾问的个人号引流，可通过资料信息引流到自己的流量池，比如把抖音平台粉丝转化为微信好友或微信群友，可以增加引流客户到店的成功率。

➢ 长期坚持，内容要积极向上，不要剑走偏锋。短视频的短期变现能力并不强，往往没等到短视频能够变现，我们的销售顾问就失去精力与兴趣了。剑走偏锋的视频，既能带来流量，也会带来争议。

➢ 适当付费。比如在抖音平台，如果你的视频不被系统推荐给更多人，就可以用DOU+功能助力增加推荐量，通过付费也能让视频"火"起来。用"DOU+"助力前，可以设置兴趣人群，推荐给相关的目标人群观看。通过"DOU+"助力流量，不仅可以给自己的视频助力，还可以给别人的视频助力。

5）直播带货集客

直播带货，是指通过一些互联网平台，使用直播技术进行商品线上展示、咨询答疑、导购销售的新型服务方式。

直播带货的优点：

对于汽车经销商来说，直播带货有相对充分的展示时间，并且有合理的优惠政策。直播销售集合了线上销售与线下销售的多种优点。

➤ 展示直观，效果好。

➤ 客户不用去 4S 店就可以得到专业的介绍与解答。

➤ 直接互动的效果较好，仅次于邀约到店。

在线测验

练一练：登录 http://www.zhihuishu.com/，完成在线测验题。

课后拓学

拓展任务

1. 阅读有关数字化营销方向的文章或书籍，分析汽车行业新营销方式。

2. 查阅汽车类垂直媒体的软文和视频，分析线上推广的思路与效果。

任务 1-2　客户线索处理

课前导学

1. 登录 http://www.zhihuishu.com/，学习《潜在客户分析》。

2. 完成在线测验题并参与话题讨论。

课中研学

任务引入

安静作为经销店的销售顾问，主要负责电网销业务，她每周从合作的汽车类垂直媒体中收集到 300 多条客户线索，部门经理让她一个一个打电话询问客户意向，面对庞大的客户数据，她感觉压力很大。思考：

1. 你认为销售顾问应如何处理客户的线索？
2. 判断潜在客户的标准有哪些？

 任务描述

销售顾问张宇作为新入职的销售人员，积累的老客户资源有限，销售经理让他到DCC部门锻炼，他从系统中查找出50组客户信息，如果你是张宇，你该如何处理这些客户信息？

 探究学习

活动1　客户线索分析

• 客户背景：张先生，某民营企业部门经理，35~40岁，一家三口于"五一"期间到店看车。妻子在某事业单位上班，女儿10岁，家中现有一辆一汽大众速腾，已使用5年，打算增购一辆红旗品牌汽车，预算20万元，可以考虑分期付款，近期有购车打算，联系电话为138×××××××。

• 请根据客户背景信息将其记录到下列客户信息表中。

客户信息统计任务单				
姓名：_____　班级：_____　学号：_____				
序号	姓名	联系电话	沟通时间	意向
任务评价	学生自评			
	教师评价			

活动2　客户分类

• 根据MAN法则，对上述客户背景进行分析，划分客户类别，制订客户开发计划。

• 以小组为单位组织讨论，并分享汇报。

客户分类任务单				
姓名：_____ 班级：_____ 学号：_____				
任务名称	客户分类		建议用时	10分钟
任务目标	1. 正确掌握客户分类规则 2. 能够应用 MAN 法则分析潜在客户			
任务描述	根据客户背景信息，分析客户类别，制订客户开发计划			
任务实施过程记录				
线索获取 的渠道				
有效客户 信息				
客户分类 及理由	□A 类客户　　　□B 类客户　　　□C 类客户　　　□D 类客户 理由：			
客户开发 计划				
任务评价	学生自评			
	教师评价			

任务评价

1. 探究学习活动 1 任务评价表。

客户线索分析任务评价表					
评价指标	分值（10分）	（　）组	（　）组	（　）组	（　）组
团队成员参与讨论	2分				
表单填写工整	4分				
语言表达顺畅	3分				
逻辑思路清晰	1分				

2. 探究学习活动 2 任务评价表。

客户分类任务评价表					
评价指标	分值（10分）	（　）组	（　）组	（　）组	（　）组
逻辑分析思路清晰	2分				
客户分类理由充分	4分				
客户开发计划可行	3分				
展示分享有吸引力	1分				

相关知识

随着客户开发工作在汽车经销商中的地位越来越高，很多品牌或经销商整合之前的电话营销、网络营销以及部分市场部门职能，成立了专门的客户开发部门，称为"DCC""IDCC"等，意在强调客户开发工作的重要性，明确职责分工，便于考核。同时，更多的人员、精力以及财物的支持，可以更加专业地获取有效客户线索。

销售顾问获取到客户线索后，必须经过筛选，从中选择出可能购车的潜在客户进行重点开发，才能有效提升销售业绩。

一、漏斗原理

漏斗原理，也叫销售漏斗，是用销售阶段来科学地反映销售机会状态和效率的一个工具。其涵盖了从接触客户、识别机会、确认机会、制订解决方案到最后成交的过程，如图 1-4 所示。

汽车销售
客户开发

有过销售工作经验，或仔细观察生活都会发现，几乎所有行业的客户，从最初的潜在客户到最后签约成交，都会经历"漏斗"过程（图1-4），数量逐渐减少。这就要求我们根据最后的销量目标以及历史的成交比例经验，开发数量足够的潜在客户。

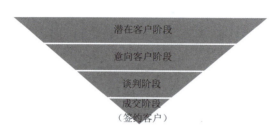

图1-4　漏斗原理

潜在客户开发，又称为集客，指汽车经销商长期坚持的各种对招徕客户有帮助的做法、政策、规范或活动，其中包含品牌、环境、服务、口碑等对客户的感召能力。有效的潜在客户开发工作可以使更多的客户来到展厅，进而创造更多的销售机会。

集客是一个长期行为，集客的初期效果并不明显，只要坚持把获取集客的基本功做好，集客的数量会呈现一个前期增长缓慢，后续集中爆发的曲线。

二、销售线索获取

1. 销售线索的获取渠道

基于年度集客目标，确定集客渠道。集客渠道主要分为线上渠道（数字化渠道）和线下渠道。线上渠道包括垂直网站（汽车之家、易车、爱卡、太平洋、一猫、好买车等）、行业网站（58同城、百姓、大众点评等）、App、微博、微信等。线下渠道主要包括电台、楼宇、路牌、DM、杂志等。

渠道选择要点：本地化，即在经销商属地有较高知名度与影响力；专业化，即在营销方面的专业性与职业化；匹配性，即渠道的受众与品牌高度重叠和吻合。

渠道选择参考：在渠道投放前，可让渠道商提供营销业绩证明资料，如同品牌集客数据、竞品集客数据、日浏览量等。

渠道验证：可通过销售前台、销售顾问在客户接待时，对客户接收经销商的信息渠道进行调研；同时，在客服专员对潜在客户回访时，也可开展客户信息渠道来源调研工作；针对成交客户，可在交车面访时，对客户信息来源渠道开展调研工作，以保证投放渠道的有效性。

2. 渠道的管理与维护

对于垂直网站，汽车经销商可以通过完善资料、行情推送、新闻推送、呼入电话接通等工作，提升自己在网站的排名、信息曝光率等。经销商也可以通过销售线索、呼入电话为结果指标，对垂直网站进行系统管控，确保集客有效性。

对于线下渠道，经销商要及时更新市场信息，提高渠道内容的创意，也可以通过调研、第三方监测数据等结果性指标对渠道效果进行监测。

3. 销售线索的获得

对于垂直网站，客户开发人员应每天实时刷新数据管理系统，下载后台客户线索，每月分析各种客户类型的占比，并优化与调整集客渠道。其他数字化渠道与垂直网站类似，需要及时关注网络信息，发现并记录客户线索。

除线上渠道获取的销售线索外，销售线索还包括展厅转入客户线索（低级别潜在客户、近期战败销售线索、外展活动潜在客户）、经销商保有客户（根据现有客户的购车年限确定的重购客户）、非本店购车的售后客户以及厂方下发的销售线索。

三、客户线索处理

针对线上渠道获得的销售线索，需要对线索有效性进行技术筛选，如各渠道之间的重叠客户（如同一客户在汽车之家与易车网同时留下信息）、同一渠道不同车型的重叠客户（如同一客户在汽车之家同时关注了不同车型）等。经过筛选后的有效信息可以分发给电话呼出专员或相应的销售顾问，开展进一步的客户邀约工作。

1. 首次联系

对于电话呼入客户，我们要遵守基本商务礼仪，主动问候客户，感谢来电并进行自我介绍、询问对方称呼，主动提供帮助。目前主流垂直网站从客户体验与服务客户的角度出发，考核经销商400电话接通率与400电话接听等待时长，这些数据会影响我们在垂直网站的排名，进而影响经销商的曝光率以及获得销售线索的成功率。

对于销售线索的电话呼出，同样需要遵守基本的商务礼仪，主动问候客户并自我介绍，询问客户是否方便，如不方便，与客户确定再次联系时间，或以短信形式简要描述传达内容，如果方便，说明来电原因并根据准备好的内容展开邀约工作。

在与客户电话沟通过程中，要解答客户疑问，并有能力将客户疑问迅速转化为邀约客户到店的理由。

主动介绍当期活动，谈论引发兴趣的话题，如新车投放、新颜色、车型进店、优惠活动、礼品、信息获取、人脉关系、亲自体验等。强调这些可以给客户带来的好处，引发客户兴趣，主动邀约到店。

在与客户的约定中，包括预约来店时间、提供来店指引、提醒携带试驾所需证件（如需要）、到店人数等关键信息。即便无法邀约会面，也要留下下一次邀约的借口，与客户约定下次联络时间，在客户允许的情况下，建议添加客户的微信。

2. 持续联系

查阅客户关系管理系统中的客户信息（在之前一次的电话沟通中，要对与客户电话的沟通内容进行总结，进行相应标注，并对下一次跟进时客户的需求做一个前置记录），确定本次通话目标。这里需要注意合适的跟进理由、合适的跟进时间以及思考如何应对可能的拒绝。

每次跟进结束对相关内容进行总结，记录表格与系统维护，发送跟进短信。同时，根据电话沟通效果，对客户的意向进行升级、降级及休眠的调整。

3. 邀约跟进

电话中与客户再次确认进店时间、进店事宜（二手车评估、试乘试驾、展厅活动等）、进店人员等，将进店相关信息以短信的形式发送给客户。

4. 休眠判定

线上有效线索量往往很大，每个线索都多次跟进有难度，具有以下特征的潜在客户可以判定为休眠客户：

➤ 购车时间不确定，多次推后时间，预计半年以上；

➤ 不接听电话，厌烦接听电话，沟通不畅；

➤ 购买意向不确定，跟进两次以上还是犹豫不决；

➤ 购车预算不清晰，变化很大，电话中有抗拒，不愿意谈到购车预算等。

被认定为"休眠"的潜在客户，经销商并不是要完全放弃他们，而是根据具体工作量和销量目标，改变跟踪方式和频率，并使用适当的方法，尝试激活"休眠客户"，如利用微信定期推送市场活动、优惠政策等相关信息，那些与我们有互动的客户，可以进入激活程序，提升客户级别并邀约客户进店。

 在线测验

练一练：登录 http://www.zhihuishu.com/，完成在线测验题。

 课后拓学

拓展任务

试一试：深入 4S 店开展企业调研与实践，体验市场部或 DCC 部门业务。

谈一谈：分享实践感受。

任务 1-3　客户邀约

 课前导学

1. 登录 http://www.zhihuishu.com/，学习《客户邀约》。
2. 完成在线测验题并参与话题讨论。

课中研学

任务引入

　　张宇是某汽车销售服务公司的销售顾问，根据前段时间做的市场推广活动，张宇获得了一些客户线索，经过清理和筛选，他列出了一些客户，打算邀请客户来店。

　　但是打了无数个邀约电话，客户就是不答应到店体验，张宇也不知道该如何吸引客户兴趣。扫码观看视频并思考：

1. 电话邀约前应做好哪些准备？
2. 如何成功邀请客户到店？

任务描述

　　针对上述情况，如果你是张宇，你将如何邀请客户来店？

探究学习

活动 1　客户邀约话术设计

　　• 在汽车垂直媒体浏览红旗 HS5，了解车辆配置及价格，设计问题，在线留资，等待经销店回电。

　　• 以小组为单位，记录通话内容，分析邀约电话的内容。

　　• 总结客户邀约话术，分享实践感受。

客户邀约话术设计任务单		
姓名：_____ 班级：_____ 学号：_____		
邀约电话记录：		
任务评价	学生自评	
	教师评价	

活动 2　客户邀约模拟演练

• 客户背景：王女士在某次车展活动中关注红旗 E-QM5，并留下了联系方式。

• 以小组为单位，设计邀约话术，组内学生分别扮演销售顾问与客户，进行电话邀约模拟演练。

客户邀约模拟演练任务单		
姓名：_____ 班级：_____ 学号：_____		
我设计的电话邀约话术：		
任务评价	学生自评	
	教师评价	

任务评价

1. 探究学习活动1任务评价表。

客户邀约话术设计任务评价表					
评价指标	分值（10分）	（　）组	（　）组	（　）组	（　）组
积极参与实践活动	2分				
内容记录翔实	4分				
分析阐述能力	2分				
团队合作能力	2分				

2. 探究学习活动2任务评价表。

客户邀约模拟演练任务评价表					
评价指标	分值（10分）	（　）组	（　）组	（　）组	（　）组
问候语+自我介绍	2分				
客户意向探寻	4分				
邀约到店话术	3分				
结束语	1分				

相关知识

基于汽车的产品属性和价格，很难在电话里或是网络上达成交易，绝大多数的成交均发生在展厅，也就当客户实际看过、摸过、驾驶过车辆后，才可能做出购买决策，达成交易。我们做了丰富多样的市场推广来集客，获取了相当的眼球流量和客户线索，其实最终目的就是引起客户的兴趣，邀请客户来店洽谈。

一、客户邀约流程

电话拜访的大致流程为：

①收到电话拜访资料，先略微整理。

②准备好工具及调适心情。

③开始电话拜访。

④每拜访完一位客户，即填写一张客户资料卡。

二、邀约技巧

1. 克服自己对电话拜访的心理障碍，勇敢地跨出第一步

作为客户开发人员，首先要克服自己对电话拜访的恐惧或排斥及心理障碍，只要勇敢地跨出第一步，一切就会好转。心理的建设并不是人人都能做的，除具备专业知识及素养外，还要具有超人的耐力及敏锐的观察力。

2. 保持愉快的心情和悦耳的语调

切记，电话拜访时，对方看不见你的表情及态度，但可从你的声音进行第一印象的判断。所以，保持愉快的心情才能有悦耳的音调，同时也可使对方降低排斥感。

3. 多使用适当的问候语

适当的问候语能拉近彼此距离感，使对方认为我们是朋友，而非是电话拜访员。在电话拜访时，通常应注意以下几点：

➤ 在一周的开始，通常每个公司都会很忙，且上班族最不喜欢的也是这一天。所以，不要太早做电话拜访，以免会花许多时间却得不到理想成绩。

➤ 依不同行业调整拜访时间。

➤ 在电话拜访时，应对此行业有初步的认知，比如该行业何时忙，何时可电话拜访。

➤ 若已知对方职称，应直接称呼对方职称，会使对方有被重视感。

➤ 访问结束时，应表达感谢之意，并说声："对不起，耽误您不少时间。"

4. 开口说第一句话会遇到的不利情况及处理方法

开口说第一句话，常会遇到一些不利的状况，分述如下，并做好相应的处理。

➤ 总机不愿转接时，先说声谢谢并挂掉电话，等整个拜访计划在心中过一次以后，再重新打，有可能当时总机正在忙或心情不好。

➤ 对方表示已有专人负责，故不愿转接时，婉转询问对方状况，并判断能否另找时间再度电话拜访。

➤ 对方表示无专人负责时，将对方基本资料询问完整，以利于日后再度电话拜访。

➤ 专人不在时，请对方告知负责人其全名及职称，以及通常何时会在。

➤ 拨不通或无人接听时，应通过查询台（如114）查询对方电话是否有误或故障。

➤ 不愿多谈即将电话挂掉时，另找时间电话拜访，并检讨自己的表达方式或是拜访时机是否不对。

5. 做好顺利通过第一关的后续工作

顺利通过第一关后，应能够顺利完成访谈，因为成功的第一步已迈出，接下来是该

如何完成一份完整的客户资料卡。应保持客户资料卡书写工整，以免增加自己无谓的困扰。将访谈重点摘录出来。填完客户资料卡后，应加注电话拜访日期及电话拜访人员姓名。

1. 做好心理调整

➤ 一般人对于电话拜访，不是认为它是一件最不起眼的工作，便是认为它是一件很简单的工作。但事实上并非如此，要真正做好电话拜访是一件相当不简单的事情。

➤ 电话拜访所获得的成就感及满足感，并不像一般的工作一样，付出多少努力便可得到与其等值的掌声，电话拜访这项工作付出十分努力，可能只得到一分掌声。但不要灰心，只要努力不懈，也许这一分的掌声所带来的是更高的成就感及满足感。成功的电话拜访员在未成功前所感受的挫折感相当大的，所花的时间之多也是无法想象的。

➤ 许多公司会通过电话拜访来筛选有望的潜在客户，而电话拜访员经常会因为对方挂断电话而困扰。如受访对象一听是要做电话拜访，不是把电话挂断就是推脱说没空。电话拜访人员不可因对方挂几通电话就感到沮丧，因为一位成功的电话拜访员，他在成功前不知被挂了多少通电话，即使在成功后，仍有可能被挂断电话。

➤ 如果碰到受访者语气不好，自己更应维持好口气，不要受到对方情绪波动的影响，并且要礼貌地将电话挂掉，并重新拟定下一次电话拜访日。

➤ 遇到滔滔不绝讲不停的受访者时，切记不要与对方闲扯，应尽快切入访谈重点，婉转地暗示对方此次电话拜访的目的，并适时将电话结束。这是拒绝访谈的"高招"。

➤ 当遇到一位不肯开口的受访者时，就要施展耐力战，使对方在不知不觉中说出我们想要获得的资讯。

➤ 不要一开始就抱着太高的成功希望，也不需要抱着一定的失败态度，二者各抱有50%。天底下没有一件事是绝对的，凡事都有变数。期望值太高，失败后信心较不容易恢复；期望值太低，也不易品尝到胜利的果实。

➤ 电话拜访员应将被挂电话或被对方拒绝当成一种磨练，进而做到自我提升，如此自己的技巧才会有所进步。

2. 接近话语

什么是接近话语？专业销售技巧中，初次面对客户时的话语称为接近话语。

接近话语的步骤如下：

步骤1：称呼对方的名字。

叫出对方的姓名及职称——每个人都喜欢自己的名字从别人的口中说出。

步骤2：自我介绍。

清晰地说出自己的名字和企业名称。

步骤 3：感谢对方的接见。

诚恳地感谢对方能抽出时间接见你。

步骤 4：寒暄。

根据事前对客户的准备资料，表达对客户的赞美，或能配合客户的状况，选一些对方能容易谈论及感兴趣的话题。

步骤 5：表达拜访的理由。

以自信的态度清晰地表达出拜访的理由，让客户感觉到你的专业及可信赖。

步骤 6：讲赞美及询问。

每一个人都希望被赞美，可采用在赞美后接着询问的方式引导客户的注意、兴趣及需求。

进行有效夸奖有三种方式：

①夸奖对方所做的事及周围的事务。

②夸奖后紧接着询问。

③替第三者表达夸奖之意。

3. 接近注意点

从接触客户到切入主题的这段时间要注意打开潜在客户的"心防"。当与客户第一次接触时，他是"主观的"。"主观的"含意很多，包括对个人穿着打扮、头发长短、品位，甚至高矮胖瘦等主观上的感受，从而产生喜欢或不喜欢的直觉。他是"防卫的"。"防卫的"是指客户和销售人员之间有道捍卫的墙。

因此，只有在能迅速地打开潜在客户的"心防"后，才能敞开客户的心扉，客户才可能用心倾听你的谈话。打开客户心防的基本途径是先让客户产生信任感，接着引起客户的注意，然后是引起客户的兴趣。

【举例】

拜访话术：

①拨打电话：先拨打客户的座机，座机不通再拨打手机。

②问候对方：标准的说法是，××先生/小姐，您好！

③介绍自我：三段式——我是××公司销售部的李××。

④阐明目的：要简短一带而过——我们专门做××产品……

不知道在这方面有什么可以帮到您？/不知道有什么可以为您服务的？——总之，既阐明目的，还要用开放式的问题（对方不能简单地用是或不是来回答问题）把皮球抛给对方，打开对方的嘴巴。

⑤激发兴趣：人们的兴趣就是利益。

⑥处理拒绝：认同—赞美—转移—反问。

⑦确认细节：重复，小结客户的意思，确认。

⑧表示感谢，礼貌告别。

三、注意事项和执行建议

1. 注意事项

（1）客户开发是一项系统工程，绝不仅仅是一两次电话邀约。尤其是竞争激烈的网络时代，我们要与时俱进，学会使用各种新型媒体和工具。多数汽车经销商的工作人员没有数字营销、网络营销的专业背景和工作经验，面对时代潮流，客户在跟随自己的兴趣，选择自己最喜欢的沟通方式，我们的客户开发方式要走在客户前面，至少不能落伍。

（2）电话中切忌向客户主动明示价格或以价格作为电话沟通的主要内容。电话中不报价（可以公布指导价）是我们的基本原则。通常在电话中报价后客户来店的可能性会大为降低，因为我们已经失去了对客户的最大吸引力，多数客户会将我们的价格作为筹码来打听下一家经销商的价格，我们将因此失去和客户建立信任的见面机会。

（3）在电话中过于详细地介绍车辆信息也是不明智的。客户在电话中对产品了解得越详细，到展厅参观实车就越没有吸引力。但作为专业的销售顾问，应在初次电话接待中解决一到两项客户最关心的问题，同时为客户创造新的兴趣点（特别的产品装备或金融政策等），努力创造下一次与客户面对面的沟通机会。

2. 执行建议

（1）集客的直接目的是邀约客户到店，不论是传统的电话邀约手段还是新兴的网络手段，都不建议在没有见面的情况下过多地交流价格和具体的车型卖点。即便是互动性很强的"直播带货"，在还没有深入了解客户需求的情况下，"见面谈"依旧是最理想的状况。当客户问及价格或车辆具体信息时，回答后反问是一种非常有效的手段。如客户在电话中问及是否有优惠时，可以这样应对："优惠是有的，您是想最近订车吗？"提问可以让我们迅速掌握主动，引导流程。

（2）要有"约定"。不论是电话还是网络，我们与客户见面的时间、地点、参与人员等信息都要定下来。这样做一方面可以展现我们专业的工作方式，同时，"定下来"也可以让客户更加重视即将发生的"约会"。就像"我们周六见面聊"要比"我们改天见面聊"更有约束力，后者更像一句没有意义的寒暄，完全起不到邀约的作用。

（3）要有系统的准备工作，集客目标的设定、网络渠道的选择、投放信息的设计、销售线索的筛选、持续的跟进与客户分级管理等，都需要提前做好系统的准备。客户开发工作已经决定了经销商后续工作的结果。即便是电话跟进工作，在打出每一通电话前，也要写好"脚本"，随时应对客户可能提出的疑难问题。

（4）加强日常练习。有些工作，比如广告投放，经销商有充足的时间和人员准备，很少出现意外情况，但涉及与客户即时沟通的工作，比如电话跟进、微信联系、网络反馈等工作，面对不同类型的客户，如配合型、异议型和价格型等，要区分应对方式，并且要在最快的时间里选择合理的方式，这就需要我们平时注意总结经验、多加练习。

 **在线测验**

练一练：登录 http://www.zhihuishu.com/，完成在线测验题。

课后拓学

拓展任务

试一试：在某汽车垂直媒体上关注一款车型，留下你的联系方式，等待销售顾问与你联系，总结销售顾问是如何邀约客户的。

评一评：销售顾问的邀约有吸引力吗？

 案例导入

接待中不能以貌取人

齐方玉，2017 年 6 月入职一汽大众汽车经销店，因实习期间表现优秀，一个月后转为正式销售顾问。在 2018 年年末冲量任务中，超额完成了任务，单月销售 37 辆车。该经销商在 2020 年新开了一家捷达店，由于齐方玉的优秀表现，被任命为捷达店的销售总监。在新店的运营当中，齐方玉运用多种销售技巧和市场开发的方式，短短的两年期间，该店的销售额和业绩突飞猛进，名列前茅，被誉为吉林地区最佳经销商。

捷达这个品牌是一汽大众销售有限公司的子品牌，车型目前只有五款，客户群比较单一，产品价格也不是很贵，可以说新品牌新车型市场相对比较难开发。齐方玉到新店后，经常加班，带着市场部一起研究如何开发客户，市场如何开展等工作，带着销售部门研究如何到店留住客户，在接待客户的过程中使用什么样的技巧和沟通方式，当然，虽然他是领导，但是对员工非常关心，团队凝聚力非常强，同事们都非常支持他的工作，也经常陪他加班到深夜。因此，他所在的店里气氛好，人际关系融洽。

齐方玉曾经接待过一位客户张先生，穿着普通随意，眼神犀利，年纪在五十岁左右，背着手在展厅里展望。当天正赶上周末，销售顾问都很忙，没人接待这位老先生。作为展厅经理的齐方玉主动上前，问老先生是否需要帮助。张先生表现得有些生气说："怎么没人给我介绍呀？"齐总立刻拿出名片说："抱歉了，我是本店的展厅经理齐方玉，今天客户有点多，销售顾问有些忙，是我的失误，没有顾及您，您看我帮您介绍介绍可以吗？您怎么称呼啊？"老先生态度有点转变，但还是在接待过程中特意为难了他，问了很多车辆的问题，齐方玉

不但没生气，还在介绍过程中赞美和认可了张先生，夸他知识渊博，眼光好，对车辆了解得很多。后来齐方玉邀请张先生入座，并亲自给他拿了饮品。

张先生入座后，脸上露出了笑容，说其实自己刚才看见展厅没人接待他是打算走了的，后来齐经理接待的时候也没打算在这里买车，但是最后看到齐经理一点架子都没有，还热情地服务，态度就转变了。原来张先生是某家公司的老总，来看看打算团购 60 台车。齐经理其实并没有觉得张先生是大客户，只是觉得和自己父亲年纪差不多，不想让他受到冷落。最后张先生在齐经理这里团购了 60 台捷达车，齐方玉创下了一日销量 60 台车的销售纪录。

阅读案例，思考以下两个问题：

1. 穿着一定能显示出客户的购买能力吗？

2. 分析一下，齐方玉是如何促使这个大单成交的？

学习目标

素养目标：

1. 通过案例分析、视频示范，培养学生爱岗敬业的精神和良好的沟通能力；

2. 通过强化文化自信，培养学生树立新时代价值观；

3. 通过多种教学手段的应用，培养学生以客户为中心的服务意识和专业、诚信的职业素养，践行诚信、友善、敬业的价值准则。

知识目标：

1. 掌握电话接听礼仪规范；

2. 掌握客户接待礼仪规范；

3. 掌握汽车销售客户接待工作岗位标准与执行要点。

能力目标：

1. 能够应用电话礼仪与展厅接待礼仪建立良好的第一印象，赢得客户信任；

2. 能够按照客户接待工作岗位标准熟练完成客户接待工作。

任务 2-1　电话接待

 课前导学

1. 登录 http://www.zhihuishu.com/，学习《电话接待》。
2. 完成在线测验题并参与话题讨论。

课中研学

任务引入

张宇是某汽车销售服务公司的销售顾问，一天张宇接听了一通客户的来电，客户在电话中询问某款车是否有现车，并询问价格与优惠。张宇向客户详细介绍了店内目前的优惠活动以及车辆最低销售价格，并邀请客户到店订车，客户说再考虑考虑就挂断了电话。张宇想要填写《来店（电）客户信息登记表》时才想起来忘记询问客户的姓氏和联系电话了。请思考：

1. 张宇的电话接待工作完成的效果如何，是否达成工作目标？
2. 他的问题主要体现在哪些方面？

任务描述

针对上述情况，如果你是张宇，你会怎样在电话里接待这位客户呢？

探究学习

活动1　电话接待话术总结

- 观看示范视频，总结电话接待的礼仪规范及接待话术。
- 将致电客户的信息记录到《来店（电）客户信息登记表》中。

电话接待话术总结任务单								
姓名：＿＿＿＿＿　　班级：＿＿＿＿＿　　学号：＿＿＿＿＿								
来店（电）客户信息登记表								
月份	日期	客流性质 （来电/来店）	销售 顾问	来访 时间段	客户 姓名	客户 电话	客户需求	
任务评价		学生自评						
		教师评价						

活动 2　电话接待模拟演练

- 客户背景：张先生致电经销店，询问红旗 HS5 的价格及优惠，并且询问底价。

- 以小组为单位设计电话接待话术，尽量邀约客户到店看车，电话挂断后发一条短信感谢客户致电，并邀请客户到店。

- 组内同学分别扮演销售顾问和客户，进行模拟演练。

电话接待模拟演练任务单				
姓名：＿＿＿＿＿　　班级：＿＿＿＿＿　　学号：＿＿＿＿＿				
任务名称	来电接待		建议用时	20 分钟
任务目标	1. 熟练掌握来电接待话术 2. 熟练应用专业话术与客户达成有效电话沟通			
任务描述	根据客户背景卡，一位同学扮演客户，随机抽取学生进行情境模拟			
任务工具	1. 客户背景卡　　2. 手持云台　　3. 录像机			

任务实施过程记录	
电话接听流程	对应话术
问候语	
探寻客户需求	
邀约客户到店	
邀约短信	
任务评价	学生自评	
	教师评价	

任务评价

1. 探究学习活动1任务评价表。

电话接待话术总结任务评价表								
考核重点	考核标准	分值	得分					
			（ ）组	（ ）组	（ ）组	（ ）组	（ ）组	（ ）组
学习态度	主动学习，内容记录翔实，参与度高	3分						
团队沟通	团队气氛活跃，有效达成目标	2分						

2. 探究学习活动2任务评价表。

电话接待模拟演练任务评价表								
考核重点	考核标准	分值	得分					
			（ ）组	（ ）组	（ ）组	（ ）组	（ ）组	（ ）组
来电接待话术内容	电话礼仪规范、流程完整，话术内容设计得体	3分						
沟通能力	沟通顺畅，表达清晰，激发客户兴趣	2分						

相关知识

当客户给店内打电话时，其实是带有明确目的和期望的。正常来说，客户致电展厅的期望大概有几点：希望打电话（不用到店）照样可以获得想要的信息；能够通过电话顺畅地与经销商取得联系；客户只会把时间给那些关心其需求的专业人员或销售人员；客户希望找到一个能够帮助他的人，而不是一个只向他推销商品的人。如果在电话接待环节没有满足客户的期望，那么很有可能会失去这位客户。

店内接待是与客户的第一次直接接触，每位到店客户在走进展厅之前，都有所期待，我们要迅速通过"真实一刻"建立起客户心中的第一印象。我们在这一阶段的行动目标是通过经销商每一位员工的专业接待和热情服务，为客户留下美好的品牌印象。

我们要为客户营造轻松愉快、没有压力的环境，延长客户在展厅的停留时间，赢得更多与客户深入沟通的机会，并初步获取客户信息。

一、客户来电接待流程

（1）遵守基本的电话礼仪。

①铃声响三声之内接听电话。

②接听电话后主动告知客户经销店店名、部门、接听人职务、姓名。

③待客户挂断电话后再挂断电话。

（2）在确认客户的需求、姓名及回答咨询时要保持微笑。

（3）积极邀约、引导客户到店参观。

①告知经销店详细位置和地址。

②可能的话，确认客户到店的时间。

（4）要与客户确认是否可以主动与其联系，得到其许可，并确认联系方式及合适时间。

（5）电话结束时感谢客户致电，待客户挂断电话后再挂断电话。

（6）挂断电话后，要确保跟进内容的落实。

①若已从客户那里获得联系许可，发送短信感谢来电。

②若有需要，将相关信息提供给相关部门进行后续跟踪。

二、客户来电接待要求

1. 接听电话前

（1）准备记录工具，例如笔和纸、手机、计算机等，以免对方需要留言时让客户等待，这是很不礼貌的。

（2）停止一切不必要的动作，让客户感觉到你在专注地听他说话。

（3）带着微笑迅速接起电话，让客户也能在电话中感受到你的热情。

2. 接听电话

（1）电话专员在电话铃响3声或10秒内接听客户来电。

（2）电话接通后，主动向客户问好并主动自我介绍，经常称呼客户的名字以示尊重。

（3）主动询问客户来电目的，并留下客户联系方式。

（4）主动询问客户购车需求，邀请客户进店。

（5）在客户挂断电话后礼貌地挂断电话。

（6）始终保持微笑。

三、客户来电接待技巧

（1）咨询配置等相关问题时，要流利、专业地回答。

（2）若无法回答时，则请客户稍等，向同事问清答案后再回答。

（3）若需要重新查证再回答时，向客户表示歉意，并向客户确认稍后答复的时间。

（4）主动邀约客户来店看车。

（5）重复和确认客户的需求。

（6）引导并促使客户定下进店时间。

（7）避免长时间介绍商品。

（8）要避免在电话中陷入报价和价格谈判。

 在 线 测 验

练一练：登录 http://www.zhihuishu.com/，完成在线测验题。

课后拓学

拓展任务

演一演：自拟身份，关注某品牌车型，扮演客户，致电×经销店咨询车辆价格及配置，体验真实销售顾问是如何应对你的电话咨询的。

评一评：你对销售顾问的电话接待工作满意吗？

任务 2-2　展厅接待

课前导学

1. 登录 http://www.zhihuishu.com/，学习《展厅接待》。
2. 完成在线测验题并参与话题讨论。

课中研学

任务引入

张宇是某汽车销售服务公司的销售顾问，一天，一位客户通过电话预约，在约定时

间到店看车。客户到店时,张宇由于有其他工作,没能及时接待客户,客户在店里等了很久也没有销售人员主动提供服务,客户非常生气地离开了。请思考:

1. 展厅接待时,销售顾问的工作目标是什么?

2. 展厅接待前,经销店应该做好哪些准备工作?

 **任务描述**

针对上述情况,如果你是张宇,你将如何接待好这位客户呢?

 **探究学习**

活动 1　初次到店客户接待

- 客户背景:张先生,自然进店客户,关注红旗 HS5,来店看车,询问车辆价格及优惠活动。

- 以小组为单位,设计接待话术,并进行模拟演练。

初次到店客户接待任务单		
姓名:_____　班级:_____　学号:_____		
任务实施过程记录		
情景	接待流程及话术	
首次到店客户		
任务评价	学生自评	
	教师评价	

活动 2　再次到店客户接待

- 客户背景：张先生电话预约销售顾问到店看车，与朋友一起开车到店。
- 情景模拟：一人扮演前台接待，一人扮演预约销售顾问，两人扮演客户，模拟演练展厅接待。

再次到店客户接待任务单		
姓名：_____　　班级：_____　　学号：_____		
任务实施过程记录		
情景	对应话术	
再次 到店客户		
任务评价	学生自评	
	教师评价	

任务评价

1. 探究学习活动 1 任务评价表。

初次到店客户接待任务评价表					
评价指标	分值（10分）	（　）组	（　）组	（　）组	（　）组
主动迎接客户	1分				
递送名片礼仪规范	1分				
引导礼仪规范	1分				
与客户寒暄，达成初步沟通	3分				
主动为客户提供饮品、引领入座	2分				
送别客户礼仪规范	2分				

2. 探究学习活动 2 任务评价表。

再次到店客户接待任务评价表					
评价指标	分值（10分）	（　）组	（　）组	（　）组	（　）组
主动迎接客户	1分				
问候客户	1分				
引导礼仪规范	1分				
主动为客户提供饮品、引领入座	2分				
需求沟通与推进	3分				
送别客户礼仪规范	2分				

相关知识

客户到 4S 店来看车的时候，心情是非常紧张的，他们担心店里的人员不热情，担心自己在店里受到白眼、歧视，担心销售顾问会以貌取人，同时，当客户进入展厅时，也会对我们抱有相应的期待，比如：在看车的过程中，遇到的所有员工都能友好礼貌地对待他；他希望看到符合品牌定位的展厅布置，并有人告诉他展厅提供的各种便利条件；他希望能在展厅里得到他所希望得到的服务，而不是被强拉着听车辆介绍；他不希望在参观展示厅时销售人员总在他身旁走来走去，如果他有问题，他会主动问的。以上这些，都应该是销售人员在展厅接待环节重点关注的问题。

一、接待前准备工作

1. 知识准备

1）产品知识

顾问式销售，对销售顾问有一项基本要求，就是专家级的专业知识，我们可以为客户提供专业的顾问式服务。产品知识就是其中最重要的一项专业知识。

接待前的准备

我们要对产品的配置、性能、参数、价格、行驶特征以及汽车技术、发展趋势等有非常全面、专业的了解。除了本品牌产品的专业知识外，还要了解主要竞争对手的产品，做到知己知彼才能百战不殆。

我们要帮助客户分析什么样的产品更适合客户的使用要求，与竞品相比区别在哪里，产品能带给客户哪些利益，这些都需要我们有专业的产品知识做基础。

2）部门业务知识

销售顾问为客户提供的咨询服务不仅包含汽车产品销售，围绕汽车销售，相关的业务知识也是我们的工作范畴，比如汽车保险、分期付款、二手车评估置换与销售、汽车改装、维修保养、车辆使用等内容，这些都与客户的车辆购买和使用相关。

汽车销售工作需要很多其他业务部门的配合，如售后服务部门、财务部门、二手车部门、金融保险部门等。同时，在竞争激烈的汽车市场，衍生业务逐渐成为汽车经销商主要的利润来源，掌握不同部门的业务知识，不但可以帮助我们顺利实现销售，也可以更好地为公司创造价值。

3）一般社会知识

汽车销售工作，本质上是与人打交道、为客户提供服务的工作。我们与客户成为可信赖的朋友关系，让客户觉得自己被理解，是成交的重要基础。

与客户的交流内容，除了汽车，还可以包括客户的家乡、工作、购房、兴趣爱好、学习经历、子女教育问题、老人赡养问题、社会热点、天气与气候、风土人情等。我们除了是汽车行业的专业人才，还要是知识丰富、涉猎广泛的人。

这些知识很难系统学习，需要我们在生活中做一个有心人，不断积累、及时更新，热爱生活并包容接纳是销售顾问应该持有的生活态度和良好的习惯。

4）公司知识

公司包括生产厂家和汽车经销商，客户对产品的信任，多数来自对品牌和生产厂家的信任，而客户选择在哪里购买汽车，则来自对经销商的信任。

公司知识，可以包括公司实力规模、公司历史、主营业务、社会口碑与荣誉、核心技术、发展战略、企业文化等。这些知识可以帮助我们在客户心中建立更加值得信赖的价值，有助于后续的销售工作。

5）销售流程

销售流程是销售顾问的工作标准和操作规范，是我们更好地完成销售工作的有力工具。现在很多汽车品牌对经销商以及销售顾问执行销售流程的标准和质量有严格的考核制度，以此来提高服务水平和服务质量。

不同品牌都结合自己的品牌特点，制订了规范的销售流程及执行标准，销售顾问除了要很好地执行标准外，还要结合产品特点、客户差异、地区差异等，灵活执行，并总结个性化服务技巧。

标准流程是固定的，客户和销售顾问是灵活的，客户的需求和喜好千差万别，执行流程灵活与个性化可以充分体现销售顾问的能力和价值。

2. 工具准备

1）公司简介

掌握公司知识可以在客户心中建立更多的信任。要展现公司的价值，除了销售顾问的口头宣传外，还有很多有效的手段。比如，在明显的位置展示公司获得的各种荣誉、印刷精美的手册、公司的优秀员工介绍、行业认可、公司文化或战略发展等，通过恰当的工具展示公司的高价值，将有助于在竞争中获胜。

2）产品资料

印刷精美的产品手册是主要的产品资料，除此之外，随着信息技术的普及，各种数字媒体的产品资料越来越具有吸引力，客户获得产品信息的渠道多种多样，但经销商提供的产品资料依旧是最权威、最可信的。当我们双手递上一份精美的产品资料时，我们专业的态度、对产品的信心也随之传递出去。

3）个人名片

符合品牌统一规范的个人名片是商务礼仪的基本要求，认真对待自己的名片，也会赢得客户更多的尊重。不要将名片随意放在衣兜里，要准备一个精致的，最好带有品牌印记的名片夹，除了自己的名片，里面再准备一些精致的空白卡片以备不时之需。用符合礼仪规范的标准动作递送自己的名片，客户会感受到我们的谦虚、尊重和专业。

4）合同订单

当客户打算与我们签订订单，而我们却不能随手拿出合同订单的时候，客户会质疑我们的专业性。当我们把客户一个人留在展厅，然后花时间去准备订单的时候，也许客户会有离开的冲动。

5）笔、纸、文件夹或平板电脑

这些是我们随时需要用到的工具，准备齐全且方便好用，我们的工作将是高效的。现在很多品牌经销商已经将传统的笔、纸、文件夹更换为平板电脑，以方便信息的录入与系统化管理，提高工作效率并且展现品牌形象。销售顾问可以根据公司要求或个人习惯选择使用相应工具。

3. 礼仪准备

汽车销售是与人打交道的工作。汽车销售人员的外在形象和言谈举止都会影响到客户对汽车的选择。相当一部分客户决定购买汽车是出于对销售人员的好感、信任和尊重，所以，汽车销售人员首先应该学会"推销"自己，让客户接纳自己，愿意与自己交往，喜欢听自己对汽车的介绍和讲解。只有这样，销售人员才能在与客户接触的过程中成功地卖出产品。

1）适宜的礼仪

在汽车销售中，礼仪既是"通行证"，又是"润滑剂"。汽车销售人员能否成功，礼仪是重要因素之一。客户喜欢值得信赖、彬彬有礼的汽车销售人员。如果汽车销售人员不懂礼仪，就可能会破坏与客户沟通的氛围，从而导致交易中断。所以，汽车销售人员应该在平时就养成诚恳、热情、友好、谦虚的美德，要自然地表现出礼貌，而不是做作和刻意地修饰。

2）端庄的仪容

汽车销售人员的仪容是给客户留下的第一印象。仪容的好坏与销售的成败有着直接的关系。汽车销售人员的仪容主要包括头发、脸庞、眼睛、鼻子、嘴巴、耳朵等。在销售过程中，汽车销售人员应给客户留下大方、整洁、得体的印象，这样不但会让自己更加自信和神采飞扬，而且会赢得客户的信任和好感。

修饰自己的仪容，改善和维护自己的形象，应做到洁净、健康、自然。尤其是女性汽车销售人员，还要适当化妆，注重化妆的礼仪，做好仪容保健工作。

3）大方、整洁的着装

汽车销售人员良好的着装可以满足客户视觉和心理方面的要求。汽车销售人员大方、整洁的着装能给客户留下良好而深刻的第一印象。汽车销售人员的服装既是一种社会符号，也是一种情感符号。在汽车销售过程中，汽车销售人员的着装占有很重要的地位。现在汽车销售公司一般都要求员工统一着装，这不仅能很好地体现企业文化，而且销售人员统一的外在形象也提升了企业的整体形象。汽车销售人员着装要大方，要统一化，以便客户识别，在工作时间不要佩戴过多的饰物。当然，汽车销售人员的着装还要符合个人的性格、身份、年龄、性别、环境、风俗习惯等。

4）优雅的举止

在与客户的交往中，优雅的举止是汽车销售人员给客户的一张无形的名片。汽车销售人员应具有端正的坐姿、站姿，稳健、轻松的行姿，含蓄、高雅的手势，充满魅力的微笑，炯炯有神的目光。这既能体现汽车销售人员的自信、能力和修养，又能赢得客户的好感，更能亲近他人，从而使沟通更加顺利，给自己带来成功。

汽车销售人员良好的外在形象和表现可以给客户留下较好的第一印象，汽车销售人员要特别注意自己的礼仪、仪容、服饰和形体。

4. 环境准备

客户对于某一品牌或某一经销商的第一印象，很大程度上取决于环境印象。JD Power 客户满意度调查中，"经销商设施与环境"占有重要地位。下面展示某汽车品牌经销商环境准备要求，以供参考使用。

1）展厅整体

➢ 展厅内/外墙面、玻璃墙等保持干净整洁，应定期（1 次/半年）清洁。

➢ 展厅内部相关标识的使用应符合公司有关 CI、VI 要求。

➢ 应按公司要求挂有标准的品牌汽车营业时间看牌。

➢ 展厅的地面、墙面、展台、灯具、空调器、视听设备等保持干净整洁，墙面无乱贴的广告海报等。

➢ 展厅内摆设有型录架，型录架上整齐放满与展示车辆相对应的各种型录。

➢ 展厅内保持适宜、舒适的温度，依照标准保持在 25 ℃左右。

➢ 展厅内的照明要求明亮，令人感觉舒适，依照标准，照度在 800 lx 左右。

➢ 展厅内须有隐蔽式音响系统，在营业期间播放舒缓、优雅的轻音乐。

➢ 展厅内所有布置物应使用公司提供的标准布置物。

2）车辆展示区

➢ 每辆展车附近的规定位置（位于展车驾驶位的右前方）设有一个规格架，规格架上摆有与该展车一致的规格表。

➢ 展厅车辆除库管人员外，其他人员无特殊情况不得随意摆放。

➢ 新进展车进入展厅原则上必须由库管人员负责。

➢ 销售人员如发现展厅车辆损伤，应及时通知库管人员进行维护处理。

➢ 当展厅有展位空闲时，库管人员应及时进行停放。

➢ 新进展车清洁由销售部全体人员共同完成。

➢ 展车清洁要求如下：车身漆面光亮完整，没有划痕；车辆各种装饰条、轮罩及车型标识、标牌齐全无残损；座椅上没有塑料罩；车身没有防护膜；音响系统处于解码状态；前后门、发动机盖、行李箱盖开关灵活，无干涉、反弹；前后牌照处粘贴车型牌；车轮必须使用轮胎保护剂进行维护；内饰、仪表板、门护板、座椅、地毯保持清洁，无破损现象；展车资料由前台接待负责准备齐全。

3）客户休息区

➢ 客户休息区保持整齐、清洁，沙发、茶几等摆放整齐并保持清洁。

➤ 客户休息区设有杂志架、报纸架，各备有5种以上的杂志、报纸，其中含有汽车类杂志、报纸，报纸应每天更新，杂志超过一个月以上需更换新版。

➤ 客户休息区设有饮水机，并配备带有品牌标识的杯托和纸杯。

➤ 客户休息区配有专人为客户提供咖啡制作、果汁加工等服务。

➤ 客户休息区须摆放绿色植物盆栽，以保持生机盎然的氛围。

➤ 客户休息区配备有大屏幕彩色电视机、计算机等视听娱乐设备，在营业时间内可播放本品牌广告宣传片、专题片，或供客户休闲娱乐使用。

4）客户接待台

➤ 接待台保持干净，台面上不可放有任何物品，各种文件、名片、资料等整齐有序地摆放在台面下，不许放置与工作无关的报刊等。

➤ 接待台处的电话、计算机等设备保持良好的使用状态。

5）卫生间

➤ 卫生间应有明确、标准的标识牌指引，男女标识易于明确区分，客人和员工分离，客人在一楼，员工在二楼，由专人负责卫生打扫与清洁，并由专人负责检查与记录。

➤ 卫生间的地面、墙面、洗手台、设备用具等各部分保持清洁，台面地面不许有积水，大小便池不许有黄垢等脏物。

➤ 卫生间内无异味，应采用自动喷洒香水的喷洒器来消除异味。

➤ 卫生间内相应位置应备有充足的卫生纸，各隔间内设有衣帽钩，小便池所在的墙面上应悬挂有赏心悦目的图画。

➤ 适度布置一些绿色植物或鲜花予以点缀。

➤ 卫生间洗手处须有洗手液、烘干机、擦手纸、绿色的盆栽等。

➤ 在营业期间播放舒缓、幽雅的背景音乐。

6）儿童游戏区

➤ 儿童活动区应设在展厅的里端，位置应相对独立，有专人负责儿童活动时的看护工作（建议为女性），不宜离楼梯、展车、电视、型录架、规格架等距离太近，但能使展厅内的客户看到儿童的活动情况。

➤ 儿童游戏区要能够保证儿童的安全，所用的儿童玩具应符合国家有关的安全标准要求，并应由相对柔软的材料制作而成。不允许采用坚硬锐利的物品作为儿童玩具。

➤ 儿童游戏区的玩具具有一定的新意，色调丰富，保证玩具对儿童有一定的吸引力。

二、店内接待流程

1. 客户进入展厅时

（1）两位销售人员在展厅门口值班，观察到达客户。

店内接待技巧

（2）客户进店时，主动问好，热情迎接。及时递上名片，简短自我介绍并请教客户尊姓。

2. 客户自行看车时

（1）按客户意愿，请客户随意参观。

（2）明确说明自己的服务意愿和候叫的位置，让客户知道销售人员在旁边随时恭候。

（3）保持一定距离，在客户目光所及之处关注客户的动向和兴趣点。

（4）客户有疑问时，销售顾问主动上前询问。

3. 客户愿意交谈时

（1）先从礼貌寒暄开始，扩大说话面，给客户机会引导对话方向。

（2）回应客户提出的话题，倾听，不打断客户谈话。

（3）请客户入座，第一时间奉上免费饮料、茶水。

（4）争取适当时机请客户留下信息。

（5）进入需求分析。

4. 客户离开时

（1）放下手中其他事务，送客户到展厅门外，再次递上名片，如遇雨天，为客户打伞。

（2）感谢客户光临，并诚恳邀请再次惠顾。

（3）目送客户离开，直至客户走出视线范围。

（4）目送客户时，销售人员站在客户车辆后视镜范围内，让客户体验到你在目送他（她）。

三、自我介绍的技巧

要让客户在最短的时间记住自己，需要设计好自我介绍。

一般情况下，前台接待的自我介绍简明且规范，很多品牌要求前台接待在自我介绍过程中包含至少三个信息，即品牌、经销商、自己的职务与姓名，比如，"欢迎光临北京运通兴宝宝马展厅，我是前台接待×××。"

展厅接待技巧

为了第一时间在客户心中建立足够的经销商价值，有些经销商会在自我介绍中增加描述性语言，比如，"欢迎光临全球最大的奥迪展厅。"

对于销售顾问而言，自我介绍可以更加灵活、更有个性。下面介绍几种常用的自我介绍技巧。

1. 名人联系法

"我是本店的销售顾问赵星驰，与喜剧明星周星驰只有一字之差，也希望我的服务能给您带来开心。这是我的名片，请您惠存。"

使用这种方法时，切忌联系"负面名人"以及"小众名人"，避免客户不认识而产生尴尬，或触及客户的厌烦情绪。

2. 特征记忆法

"我是本店最胖的销售顾问王宇，同事们都叫我小胖儿，您也可以叫我小胖儿。"

这种方法适用于销售顾问本人有明显的、便于记忆的特征的情况，带有一点玩笑或自嘲的意味，不但容易记忆，也在展示随和的性格。

3. 自我营销法

"我是本店的金牌销售顾问王宇，这是我的名片，很高兴为您服务。"

自我营销除了销售顾问的自我介绍外，还有其他方法，比如展厅内大屏幕的优秀员工介绍、区别于他人的工装颜色或工牌，这些都可以告诉客户，正在给他提供服务的销售顾问与众不同。

4. 故事记忆法

"我是销售顾问王宇，上次您过来的时候刚好下雨，是我在公司门口打伞带您进的展厅，您还记得吗？"

我们与客户之间有"故事"，所以这种方法适用于第二次见面，或电话邀约客户的初次见面，这种方法可以有效避免客户因不记得销售顾问而带来的尴尬。

在实际工作中，销售顾问设计了很多适用于自己的自我介绍方法，便于客户记忆，这些自我介绍不限于面对面的姓名介绍，比如，有些名字过于普通的销售顾问会给自己取一个新的、能代表自己特征的、便于记忆的名字，并用新名字来印刷名片。另外，要让客户在微信通讯录中快速找到我们，可以在微信名称中加入品牌、公司、产品甚至电话号码，以便于搜索，也可以在名称前面加注特殊符号或数字，以此来让自己的名字排序靠前。

四、寒暄破冰技巧

1. 寒暄的常见方式

当面对陌生客户时，寒暄是最常用的打破尴尬、建立沟通、营造洽谈气氛的手段。寒暄可以消除客户戒心，建立与客户的信任关系。寒暄是指嘘寒问暖，泛指宾主见面时谈天气冷暖之类的应酬话。随着社会的发展，寒暄不仅可以谈论天气，我们有更多的话题来打破坚冰。寒暄的方式与话题主要包括：

1）问候

问候式寒暄的用语比较复杂，归纳起来主要有以下几种。

表现礼貌的问候语，如"您好""早上好""新年好"之类。可以根据不同的场合、环境、对象进行不同的问候，比如，从年龄上考虑，对少年儿童要问"几岁了？""几年级了？"；对成年人，要问"工作忙吗？"；从职业考虑，对教师可以问"今天有课吗？"。

表现思念之情的问候语，如"好久不见，您近来怎么样？"等。

表现关心的问候语，如"最近身体好吗？""生意好吗？""最近工作进展顺利吗？"。

2）言他

"今天天气真好。"这类对话也是日常生活中常用的一种寒暄方式。特别是陌生人之间见面，一时难以找到话题，就会说类似"东北天气很冷吧？"之类的话，可以打破尴尬的场面。

言他式比较适合初次见面的寒暄。

3）触景生情

触景生情式是针对具体的交谈场景临时产生的问候语，比如对方刚做完什么事、正在做什么事以及将要做什么事，都可以作为寒暄的话题。如早晨在家门口或路上问候"早上好，上班吗？"；在食堂里问"吃过了吗？"；在图书馆或教室问"这么用功，还在读书啊？"。这种寒暄，随口而来，自然得体。

4）夸赞

心理学家根据人的天性曾做过如下论断：能够使人们在平和的精神状态中度过幸福人生的最简单的法则，就是给人以赞美。作为一个社会成员，每个人都需要别人的肯定和承认，需要别人的诚意和赞美。比如，"您今天的起色真好。""您的皮肤真好。""您这套西装看起来真的有档次。"客户会很开心。

5）攀认

在人际交往中，只要留意，就不难发现我们与客户之间有着许多的"亲""友"关系。比如相同的祖籍、相同的口音、共同的爱好、同一所学校、相同的专业、同一住址区域、曾经的同行或同业、同姓等，我们可以这样跟客户攀认："听您的口音，您是山东人吧？我是山东济南的。"

6）敬慕

这是对初次见面者尊重、仰慕、热情有礼的表现。比如"久仰大名""慕名而来"。

2. 寒暄应注意的问题

寒暄语的使用，应根据环境、条件、对象以及双方见面时的感受来选择和调整，没有固定的模式，我们要让客户感觉到自然、亲切，没有陌生感。

（1）态度要真诚，语言要得体，要避免粗言俗语和过度的恭维，如"久闻大名，如雷贯耳""今日得见，三生有幸"就稍显夸张，不够自然。

（2）要看对象。对不同的人应该使用不同的寒暄语。在交际场合，男女有别、长幼有序，彼此熟悉的程度也不同，寒暄时的口吻、用语、话题也应有所区别。一般来说，上级和下级、长辈和晚辈之间，如前者为主人，则最好能使对方感到主人的平易近人；如后者为主人，则最好能使对方感受到主人对自己的尊敬和仰慕。

（3）寒暄用语要恰当。如中国人过去见面，喜欢用"你又发福了"作为恭维话，现在人们都以瘦为美，再这样恭维就不合适了。西方女性在听到别人赞美自己"你很性感"时会很高兴，而在中国女性面前讲这样的话就不太合适了。

（4）要看场合。在不同的地方使用不同的寒暄语。拜访人家时，要表现出谦和，不妨说一句"打扰您了"；接待来访时，要表现出热情，可以说一句"欢迎"。庄重场合要注意分寸，一般场合则可以随便些。

（5）有些话题不适合在初次见面时谈论：

➢ 政治与宗教信仰；

➢ 容易与客户产生争执的话题；

➢ 社交礼仪中忌讳的缺点和弱点（比如长相、胖瘦、年龄、婚姻、残疾等）；

➢ 容易令人不愉快的话题（如股票下跌、下岗、经济危机等）；

➢ 任何人的坏话（包括自己的公司、上司、同事、竞争对手等）；

➢ 任何攻击性、牢骚性的话题（比如某些人素质很低）；

➢ 任何人的秘密；

➢ 任何关于自己的夸大其词的话题。

有效的寒暄破冰，可以帮助我们与客户间迅速建立轻松、愉快、相互信任的沟通氛围，对后续的汽车销售工作有极大的促进作用。

五、前台接待的作用

前面提到过，很多品牌汽车经销商设置了专门的"前台接待"岗位，以此来保证销售流程执行更加顺畅和高效。前台接待岗位的主要作用包括：

1. 情绪过渡

客户第一次走进展厅时，对他们来说，环境是陌生的，人员是陌生的，即将面对的接待或服务也是未知的，在这种情况下，多数客户会保持谨慎甚至戒备的心理。如何让客户迅速过渡情绪，以一种自然放松的、真实的心理走进销售流程，直接决定了销售工作的成败。

前台接待人员主动、热情、专业的服务，展现我们作为主人应有的礼貌和尊重，可以帮助客户尽快过渡情绪。

2. 初步识别客户

客户走进展厅后，前台接待会询问客户的到店意图，是购买新车还是办理其他业务，这是一个客户分流的过程，不要让非购车客户打扰销售顾问的工作。面对购车客户，前台接待还要进行第二次甄别，是否预约、是否第一次到店、意向车型等，将预约客户介绍给预约的销售顾问，非首次进店客户交给上次接待的销售顾问。

客户经过初步识别后，销售顾问的工作会更有效率，针对性更强，避免了流程混乱带来的种种问题。

3. "托起"销售顾问

销售顾问不是"售货员"，我们是专业的、提供顾问式服务的、值得尊重的产品专家，将销售顾问引荐给客户，销售顾问在客户心中的地位或价值更高，更有利于我们掌控整个流程的执行。

六、注意事项与执行建议

1. 注意事项

（1）在展厅接待过程中，千万不要长时间将客户放在一边，去接听无关眼前客户接待的电话。

当客户被冷落，无助地站在展厅里，四处寻找自己的销售顾问，而我们却在一个角落里散漫地接听电话时，客户会深刻地感受到自己不被重视。在今天竞争激烈的买方市场，客户没有必要接受这种冷落，他会选择离开，即便客户没有马上离开，在他心里也种下了不满意、不信任的种子。

（2）务必了解客户是否与其他销售顾问联系过。

这是我们基本的职业操守，因为在几乎所有汽车经销商的管理中，都将"首问责任制"作为客户分配的原则，销售顾问间相互争抢客户是不被允许的。从面对客户的角度来看，如果客户之前联系过其他销售顾问，我们不了解流程进展情况、客户需求情况、之前的产品推荐、销售顾问做过的承诺或报价等，重复进行相关工作会让客户觉得厌烦、质疑经销商的管理能力与专业水平。

如果客户之前联系过其他销售顾问，请务必礼貌地将客户交给之前的销售顾问。

2. 执行建议

1）更加主动

对于性格相对内向的销售顾问而言，在展厅接待过程中，由于主、客双方都不是太熟悉，如果销售顾问适当表现出基于热情的主导性，会给客户一种潜移默化的影响，为后面销售顾问主导整个销售流程带来便利。

客人面对热情超出预期的主人时，总是会选择"客随主便"，更愿意接受主人的安排。

2）利用资源

为提高客户对我们或公司的信任度，可以将自己以往的工作资历和获得的职业资格摆在明显可见位置，或带领客户简单参观公司的办公环境和维修车间，利用客户可见的硬件环境帮助他尽快建立信任。

3）准备充分

很多客户不愿意留下自己的联系方式给销售顾问，其实最好的时机就是客户收下你的名片之后，这时可以顺理成章地跟客户索取名片，如客户没有准备名片。则一定保证在第一时间找到精致的便签可以让客户手写自己的姓名和联系方式。

 在 线 测 验

练一练：登录 http://www.zhihuishu.com/，完成在线测验题。

案例分析–
以貌取人

 **课后拓学**

拓展任务

演一演：自拟身份，走访经销店了解车型配置及价格。

谈一谈：与同学分享经验和感受。

附表1：

客户接待综合演练

姓名：　　　　　　班级：　　　　　　学号：

任务名称	客户接待综合演练	建议用时	20分钟
任务目标	1. 熟练应用电话接待及展厅接待话术 2. 通过电话、面对面沟通等方式接待客户，树立良好印象，建立初步信任，促进销售工作的开展		
任务描述	客户张先生有意购买红旗HS5，电话致电经销店咨询目前车辆配置及价格等信息，经过电话沟通，销售顾问与客户定在周日上午到店看车，并建议客户与家人一起到店体验并参与试乘试驾。 请你与小组同学一起合作完成客户接待工作		
任务工具	1. 销售工具夹　　2. 客户背景卡　　3. 手持云台　　4. 录像机		

续表

任务实施过程记录		
情景	对应话术	
电话接待		
展厅接待		
任务评价	学生自评	☐ 优秀 ☐ 良好 ☐ 合格 ☐ 不合格
	教师评价	☐ 优秀 ☐ 良好 ☐ 合格 ☐ 不合格

附表2：

客户接待综合演练
评分表

考核重点	考核指标	分值	得分					
			1组	2组	3组	4组	5组	6组
电话接待 话术内容 （10分）	3声响铃或10秒彩铃之内接听电话	1分						
	问候语、自我介绍	1分						
	合理回应客户问题	2分						
	适当的提问	2分						
	邀约客户到店	1分						
	礼貌挂机用语，提示发送邀请短信	1分						
	全程面带微笑	1分						
	用语规范	1分						
展厅接待 话术内容 （10分）	出门迎接客户	1分						
	礼貌问候引导客户进店	2分						
	自我介绍递送名片	2分						
	询问客户是否预约	1分						
	邀请入座、提供饮品	1分						
	陪伴客户看车关注客户需求点	1分						
	适当解答客户问题	1分						
	礼貌送别客户	1分						
团队合作 （2分）	配合默契	2分						
综合表现 （3分）	流程完整、顺畅，学生参与度高	3分						

 案例导入

需求分析要懂得"投其所好"

祖维辰，2021年5月入职一汽红旗品牌经销店实习，期间参加长春国际汽车博览会，汽车博览会连续十天，他作为实习生以一天一台的销量比肩正式销售顾问。因实习期间业绩优异，同年7月成为同届学生中第一位转正的实习生。其工作深受客户认可，2022年5月和10月均收到客户赠送的满意锦旗。

他接待的众多客户中，有的性格开朗，有的不善言辞，有的配合度高，有的固执己见，有的对车型信息了如指掌，有的仅仅关注好看与否，形形色色的客户各有特点。通过与各种客户打交道的不同经历，他意识到，用千篇一律的方式对待客户是行不通的。首先需要判断客户的类型，主要观察两个维度：一是情感度，比如有些客户比较"自来熟"，看上去非常亲切，很容易亲近，对销售顾问的建议比较愿意采纳，而有的客户对销售顾问的情感反馈比较少，会觉得很难接近，有的客户还会非常强势有主见，几乎不采纳销售顾问的任何建议，这就是情感度高低的不同；二是表达度，是指客户表达欲望的强烈程度，比如有些客户喜欢滔滔不绝地讲述自己的观点，非常喜欢表达想法和感受，而有些客户则总是用几个简单的词回答——随便、都行、可以等，甚至是不愿回答。根据这两个维度组合的不同，客户呈现的外在表现和性格特征有所不同。不同类型的客户在沟通方式上的偏好不同，对需求的表达范围和表达深度也不同，因此，准确判断客户的类型，用客户接受和喜欢的方式进行沟通，是获取到客户真实需求的关键所在，也是销售制胜的关键所在。

他在2021年12月车展接待过一位客户谷先生，谷先生二十七八岁，长相非常帅气，穿着打扮也很出挑，比较外向，客户当时对车辆的高颜值和豪华内饰

表现出了较高的关注度，但是表示不着急提车，想再看看，因此未在车展期间订车。后续他一直跟进，由于客户表现出的情感度较高，乐于交朋友，因此他时不时跟客户微信聊天拉近距离。通过一次日常聊天，得知客户想在过年的时候开辆新车回老家，于是抓住这一时机，在年前成功邀约客户到店。由于前期情感关系建立得较好，这次客户到店沟通更加顺畅，通过谈话得知客户是做网络直播的网红，粉丝已达百万，他盛赞客户非常优秀，客户表示其实做直播这行也不容易，十分辛苦，而且大多数收益都是公司获得，主播并不像外界看到的那么风光。客户还表示身边的交际圈也有不少百万网红，近期有几个网红朋友都换了车，基本都是奔驰E级和奥迪A6这样的豪华轿车。获取到这些信息后，他对客户的需求胸有成竹，给客户推荐了H9豪华轿车，配置方面没有给客户推荐高配版，而是推荐了2.0T智联旗享灯光包配置，一方面，这个配置性价比比较高，功能配置对客户的日常使用来讲完全够用，价格具有很大优势，另一方面，这款车型配置的内饰豪华程度也不低于奔驰E级、奥迪A6，而且H9在夜间识别度特别高，前脸的U形灯带和后尾的贯穿式尾灯非常大气醒目。在给客户展示了炫酷的灯光秀后，彻底俘获了客户的心。高性价比、霸气外观、豪华内饰、炫酷灯光，每一条都直击客户的内心，客户当天交付定金。几天后，客户带着女朋友一起来提车，他给客户及其女朋友设计了比较有仪式感的交车仪式，配合客户拍了视频，客户及其女朋友表示非常满意。这个客户后来又陆续给他介绍了很多客户。

阅读案例，分析以下问题：

1. 金牌销售顾问在和客户谷先生打交道的过程中，有哪些闪光点？

2. 你认为客户的显性需求和隐性需求哪个更重要？为什么？

学习目标

素养目标：

1. 通过案例分析、视频示范，模拟演练，培养学生爱岗敬业的精神和良好的沟通能力；

2. 通过强化文化自信，培养学生树立新时代价值观；

3. 通过多种教学手段的应用，培养学生以客户为中心的服务意识和专业、诚信的职业素养，践行诚信、友善、敬业的价值准则；

知识目标：

1. 掌握客户需求的分类；

2. 掌握客户性格类别及沟通策略；

3. 掌握汽车销售需求分析提问、倾听、反馈的方法与技巧；

能力目标：

1. 能够初步判断客户类型，与客户建立信任关系，达成有效沟通；

2. 能够按照岗位执行标准熟练完成需求分析工作。

任务 3-1 客户性格类型分析

课前导学

1. 登录 http://www.zhihuishu.com/，学习《客户性格类型分析》。
2. 完成在线测验题并参与话题讨论。

课中研学

任务引入

张先生夫妻二人到店看车，销售顾问小李迎接客户，但是客户二人一直互相聊天，偶尔会看展车旁的配置表，并没有注意到小李。思考：

1. 如果你是小李，如何能够让客户关注到你？
2. 汽车销售顾问应如何判断客户的性格类型？

任务描述

通过客户张先生夫妻二人的言行举止，请你初步判断客户的性格类型。

探究学习

活动设计：客户性格类型分析

- 观看视频，记录不同性格客户的言行举止，分析其性格类型及沟通要点。

- 以小组为单位进行讨论，展示分享。

<table>
<tr><td colspan="4" align="center">客户性格类型分析任务单</td></tr>
<tr><td colspan="4" align="center">姓名：_____ 班级：_____ 学号：_____</td></tr>
<tr><td>任务名称</td><td></td><td>建议用时</td><td>10分钟</td></tr>
<tr><td>任务目标</td><td colspan="3">掌握不同类型客户的性格特征
通过观察与分析能够初步判断客户的性格类型
掌握与不同类型客户沟通的方法</td></tr>
<tr><td>任务描述</td><td colspan="3">根据客户背景卡、教学视频，判断客户的性格类型，总结沟通要点与注意事项</td></tr>
<tr><td>任务工具</td><td colspan="3">1. 配置单、型录　　2. 销售工具夹（或IPAD）　　3. 客户背景卡
4. 手持云台　　5. 录像设备</td></tr>
<tr><td colspan="4" align="center">任务实施过程记录</td></tr>
<tr><td>客户行为举止、语言特点</td><td colspan="3"></td></tr>
<tr><td>客户性格类型</td><td colspan="3"></td></tr>
<tr><td>沟通要点与注意事项</td><td colspan="3"></td></tr>
<tr><td rowspan="2">任务评价</td><td>学生自评</td><td colspan="2"></td></tr>
<tr><td>教师评价</td><td colspan="2"></td></tr>
</table>

任务评价

客户性格类型分析任务评价表					
评价指标	分值（10分）	（　）组	（　）组	（　）组	（　）组
语言表达逻辑清晰	2分				
分析观点有理有据	4分				
应用案例说明	3分				
展示礼仪规范	1分				

 相关知识

一、购买角色

购买角色也是要留心观察的，一起来的三四个人，只有一个才是真正有决策权的人，那么其他人是什么角色？是参谋？是行家？是司机？是秘书？还是朋友？

影响消费者购买的角色可以分为五种，即消费倡导者、消费决策者、消费影响者、购买决策者和使用者。

1. 消费倡导者

消费倡导者，即本人有消费需要或消费意愿，或者认为他人有消费的必要，或者认为他人进行了某种消费之后可以产生所希望的消费效果，他要倡导别人进行这种形式的消费。

2. 消费决策者

消费决策者，即有权单独或在消费中拥有与其他成员共同做出决策的人。

3. 消费影响者

消费影响者，即以各种形式影响消费过程的一类人，包括家庭成员、邻居与同事、购物场所的售货员、广告中的模特、消费者所崇拜的名人明星等，甚至素昧平生、萍水相逢的过路人等。

4. 购买决策者

购买决策者，即做出最终购买决定的人。购买者，即直接购买商品的人。

5. 使用者

使用者，即最终使用、消费该商品并得到商品使用价值的人，有时称为"最终消费者""终端消费者""消费体验者"。

二、客户性格分析

客户性格
类型分析

人的性格是不同的。有的人有较强的领导欲，即使是和朋友一起出去，也喜欢安排行程，把控局面，这样的人通常比较争强好胜，行为果断，敢于冒险，愿意发号施令；而有的人控制欲比较弱，情感方面比较被动，他们富有合作性，行为比较谨慎，喜欢规避风险，能够顺从迁就；有的人有较强的交际倾向，他们在交际上非常主动、热情，看上去十分容易亲近，也非常乐于表达情感，不拘小节，比较冲动；而有的人感情很内敛，非常的理性、自律，富有独立性，办事认真谨慎。

作为销售人员，面对不同性格类型的客户，我们选择的应对方式也是不同的。根据思考问题是理性还是感性，沟通表达是直接还是间接，可以将多数客户划分为四类：控制型、抒发型、友好型以及分析型，如图3-1所示。

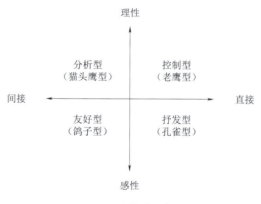

图3-1　客户性格类型

1. 控制型（老鹰型）

1）特征

老鹰型的人做事爽快，决策果断，以事实和任务为中心，有些人对他们的印象会是他们不善于与人打交道。他们常常会被认为是强权派人物，喜欢支配人和下命令。他们的时间观念很强，讲求高效率，喜欢直入主题，不愿意花时间同你闲聊，讨厌自己的时间被浪费。他们往往是变革者，你若能让他们相信你可以帮助他们，他们行动的速度会很快。研究表明，老鹰型的人做决策只需要两次接触。

他们往往讲话很快，音量也会比较大，讲话时音调变化不大，可能面无表情。

他们追求的是高效地完成某个工作，再加上他们时间观念很强，所以他们考虑的是他们的时间得花得值；他们会想尽办法成为领先的人，他们希望具有竞争优势，他们向往第一的感觉，所以，他们往往通过变革来达成这一目标；同时，权力、地位、威信和声望都对他们产生极大的影响；他们需要掌控大局，他们往往是领袖级人物或想象自己是领袖级人物；对他们来讲，浪费时间和被别人指派做工作，都将是难以接受的。

2）应对策略

跟老鹰型客户打交道一定要注意谈话的特点，不要触及他的雷区：

老鹰型客户喜欢占主导位置，他觉得需求和索要是他应有的权利。所以，在遇到这种客户的时候，不要一见面就噼里啪啦地说很多，应该征求他的意见，让他做主。

老鹰型客户看中的是结果，结果只要达到他想要的，细节并不重要。有的时候就直接一些，不要绕弯子。

老鹰型客户比较喜欢刁难人。所以，一定要记住，你的专业知识必须过关，不能被专业上的问题难住。

2. 抒发型（孔雀型）

1）特征

孔雀型的人基本上也是做事爽快，决策果断。但与老鹰型的人不同的是，他们与人沟通的能力特别强，通常以人为中心，而不是以任务为中心。如果一群人坐在一起，孔雀型的人很容易成为交谈的核心，他们很健谈，通常具有丰富的面部表情。他们喜欢在一种友好的环境下与人交流，社会关系对他们来讲很重要。我们对他的印象可能会觉得他平易近人，朴实，容易交往。孔雀型的人做决策时往往不关注细节，凭感觉做决策，做决策也很快。研究表明，三次接触就可以使他们下决心。

他们也往往讲话很快；音量也会比较大；讲话时音调富有变化，抑扬顿挫；表情丰富；同时，他们也会表现得很热情，对你很友好，经常会听到对方爽朗的笑声。他们往往对你所讲的东西反应迅速，有时会打断你。

他们追求的是能被其他人认可，希望不辜负其他人对他们的期望。他们渴望能成为其他人关注的对象，他们希望能吸引其他人。同时，对他们来讲，得到别人的喜欢是很重要的。对他们来讲，与认识的每一个人建立关系是重要的。他们期望能树立自己的影响力，而失去影响力对他们来讲是可怕的。由于他们往往不会关注细节，所以，他们希望过程尽可能简单。同时，他们也喜欢有新意的东西，那些习以为常、没有创意、重复枯燥的事情往往让他们倒胃口。

2）应对策略

由于他们看重关系，对人热情，所以，作为销售人员，我们要向他传递一种你也很看重关系，也很热情这样的信息。在交谈中，不要像与老鹰型的人沟通那样直接进入主题，可以找对方感兴趣的话题闲聊一会儿，比如宠物、健身、孩子等，这对建立融洽关系有很大帮助。由于孔雀型的人乐于助人，也很健谈，所以，通过有效的提问，你可以从他们那里获取很多有价值的信息。

总的来说，面对抒发型客户，销售人员要做到以下三点：第一，要让客户多说，多倾听客户的想法；第二，由于抒发型的人喜欢聊天，销售人员要丰富自己的知识，提高自身素养，具备与客户对话的能力；第三，由于抒发型客户说话比较夸张，思维比较跳跃，销售要做到掌控谈话的节奏和主题，避免与客户耗费太多时间谈论天马行空的话题。

3. 友好型（鸽子型）

1）特征

鸽子型的人友好、镇静，属于特别好的人。在他们心中，人与人之间的情感比任何事情都重要，他们一般不会提过分的要求，非常注意他人的感受。他们做起事情来显得不急不躁，属于肯支持人的那种人。但是他们做决策一般会较慢，需要 5 次左右的接触。

他们往往讲话不快，音量也不大，音调会有些变化，但相对平稳，不像孔雀型的人那么明显。他们从容面对你所提出来的问题，反应不是很快，总是安静地坐在那里，在倾听你的讲话，他们是很好的倾听者。在回答你的问题的时候，也是不慌不忙。虽说他们对你的销售工作不会像孔雀型那样主动提出看法，但基本来讲，他们会配合你的销售工作，只要你能更好地引导他。

他们需要与人建立信任的关系。他们不喜欢冒险，喜欢按程序做事情。他们往往比较单纯，个人关系、感情、信任、合作对他们很重要。他们喜欢团体活动，希望能参与一些团体，而在这些团体中发挥作用是他们的梦想。

他们做事情以稳妥为重，即使要改革，也是稳中求进，甚至有时会抵制变革。他们也往往会多疑，害怕失去现有的东西，安全感不强，他们不希望与别人发生冲突，在冲突面前可能会退步，所以，在遇到压力时，会趋于附和。

2）应对策略

同友好型的客户打交道，你要显得镇静，不可急躁，讲话速度要慢，音量不要太高，相对要控制你的声音，并尽可能地显示你的友好和平易近人，表现得要有礼貌。你要柔声细语地与对方沟通，即使你想发火，语气也要温柔得像个鸽子。

由于他们平时行事速度较慢，建立关系也需要一定的时间。你要尽可能地找到与对方共同的兴趣、爱好，并通过这些与客户建立起一定的关系。因为对方难以在很短的时间内建立起信任关系，并怀有一定的疑心。所以，要坦率、真诚，积极倾听，要给客户体验的时间，经常询问客户的意见，耐心解答他们的疑问，不可强迫对方做他们不愿意做的事情，要让客户感觉所做的一切都是为了他。

由于友好型的客户不太果断，决策很慢，面对选择时总是说"随便吧""都行"，因此销售人员不要让他们做决定、做选择，最好给他们建议，既让客户感觉是在帮助他，又能够提高工作效率。

4. 分析型（猫头鹰型）

1）特征

分析型的人很难看得懂，他们不太容易向对方表示友好，平时也不太爱讲话，做事动作也缓慢。对很多人来讲，猫头鹰型的人显得有些孤僻。他们做决策很慢，需要 7 次左右的接触。

他们往往讲话不快，音量也不大，音调变化也不大。

他们往往并不太配合你的销售工作，不管你说什么，可能经常会"嗯，嗯"，让你显得无从下手。他们讲起话来一般面无表情。如果你表现得很热情，他们往往会觉得不适应。而且，他们通常并不喜欢讲话，对事情也不主动表达看法，让人觉得难以理解。

他们需要在一种他们可以控制的环境下工作，对于那些习以为常，毫无创新的做事方法感到很自在。由于他们不太喜欢与人打交道，所以，他们更喜欢通过大量的事实、数据来做判断，以确保他们做的是正确的事情。他们最大的需求就是准确、有条理，做事有个圆满结果，以避免出差错，以免使他们的名声遭到损害。他们工作认真，讨厌不细致、马虎的工作态度。

2）应对策略

作为销售人员，对待分析型客户一定要认真，不可马虎，凡事考虑得要仔细，注意一些平时不太注意的细节。不可与他们谈论太多与目的无关的内容，不要显得太过热情，要直入主题。他们如果愿意与你交谈，你要提供更多的事实和数据，以供他们做判断。而且，提供的资料越细越好，并经常问他们："还有什么需要我提供的？"

与孔雀型的人打交道不同（孔雀型的人喜欢变化和刺激），你不可以让猫头鹰型的客户感到有什么意外。举例来讲，如果你原先与他探讨的计划出现问题，你要改变计划，一定要与他先商量，以让他有所准备。在沟通中，你要表现得一丝不苟、有条不紊，给对方留下你是一个专业的、事事有计划的销售人员。

不同性格类型的表现见表 3-1。

表 3-1 不同性格类型的表现

表现	控制型	抒发型	友好型	分析型
行为举止	坚决强硬	活泼外向	轻轻随便	直截了当，目标明确
沟通方式	关注结果 重视最低标准	善于交际 乐于回答问题	照顾对方的面子	注重真凭实据
性情气质	焦躁不安	和蔼可亲	平静随和	冷漠严峻
对待他人意见	缺乏耐心	注意力不集中	全盘接受	抱有怀疑
处理问题	指挥命令他人	专心致志，全神贯注	对别人言听计从	对别人品头论足

续表

表现	控制型	抒发型	友好型	分析型
决策行为	决策果断，力求实用	效仿别人进行决策	决策迟缓，深思熟虑	信息齐全方才定夺
时间安排	相当紧凑	经常浪费时间	遵守时间	充分利用时间，计算周详
形体语言	使用频繁	丰富生动	精确而谨慎	较为节制
衣着服饰	裁剪讲究，无可挑剔	新潮时尚	大众款式	传统保守，朴实无华
对压力的反应	与主观意志抗争	与情感对抗	屈服顺从	放弃分析推理

在线测验

练一练：登录 http://www.zhihuishu.com/，完成在线测验题。

课后拓学

拓展任务

试一试：根据客户性格类型特征，分析自己属于哪种性格类型。

任务 3-2　客户需求探寻

课前导学

1. 登录 http://www.zhihuishu.com/，学习《客户需求探寻》。
2. 完成在线测验题并参与话题讨论。

课中研学

任务引入

张宇是某汽车销售服务公司的销售顾问，一天张宇接待了一位来店看车的客户，客户年约四旬，西装革履，讲话言简意赅，举手投足间很有领导风范。通过简单的初步沟通，张宇了解到客户的一些基本信息，但是当张宇不断提问，并深入提问到客户的家庭构成时，客户表示出了不耐和抗拒。

1. 你觉得问题出在哪里？

2. 在探寻客户需求这个环节，有哪些问题是我们必须了解的？

3. 与客户沟通的技巧有哪些呢？

任务描述

根据任务情境分析：

1. 销售顾问应该了解客户哪些具体信息？

2. 销售顾问应该如何探寻客户购车需求？

3. 客户需求的分类如何划分？

探究学习

活动1　提问练习

● 活动规则：教师提前准备一张车型照片及相关信息（不能向学生展示），学生必须通过轮流提问（封闭式问题）猜出车辆品牌及型号。在学生轮流提问中，教师只能回答"是"或"否"。

● 小组讨论：总结开放式问题和封闭式问题的特点与作用。

● 在客户选车过程中，销售顾问应了解客户哪些具体需求？哪些适合用开放式问题提问？哪些适合用封闭式问题提问？

提问练习任务单	
姓名：_____　班级：_____　学号：_____	
开放式问题的特点和作用	封闭式问题的特点和作用

续表

客户需求探寻问题设计	
开放式问题	封闭式问题

任务评价	学生自评	
	教师评价	

活动 2　倾听与反馈

- 活动规则：教师提前准备一张图形卡片（不能向全体学生展示），选出一位同学用语言表述（不能用手势，最多描述三次），其他同学根据描述画出图形。第一轮要求画画的同学只能听，不能提问，对比效果；第二轮允许画画的同学提问确认关键信息，对比效果。

- 观看视频，根据视频中的对话分析，客户在购车过程中，哪些需求属于显性需求？哪些需求属于隐性需求？销售顾问应该如何与客户沟通？如何探寻客户的真实购车需求？

倾听与反馈任务单		
姓名：_____ 班级：_____ 学号：_____		
显性需求	隐性需求	
沟通要点	反馈话术	
任务评价	学生自评	
	教师评价	

活动3   需求分析情景演练

● 客户背景：客户张先生，年龄 30~35 岁，医生，与朋友一起到店看车，打算近期购买一款轿车，预算 20 万~25 万，第一次购车，平时工作比较忙，购车主要是上下班用，对车不太懂，希望驾驶操作便捷，配置丰富，找朋友给些建议。（选择两位同学扮演客户，背景信息不公开。）

● 演练要求：每位同学轮流扮演销售顾问，探寻客户需求并推荐合适车型。

需求分析任务单			
姓名：_____　班级：_____　学号：_____			
销售意向客户管理卡			
经销商名称：　　　　　　　　　　　　　　　　　销售热线：			
经销店地址：　　　　　　　　　　　　　　　　　服务热线：			
客户信息	客户姓名：　　　　　性别：　　　　　联系人：　　　　　联系电话： 身份证号：　　　　通信地址：　　　　邮编：　　　　信息来源：		
购车方式	□ 新购 购买时间：□即日　　　□ 周　天　　　□一个月以上 意向车型：		
	□ 换购 置换时间：□即日　　　□ 周　天　　　□一个月以上 现用车型： 首次登记日期：　　　　行驶里程：　　　　评估价格：　　　　期望价格： 意向车型：		
	□ 增购 置换计划：□有　　　□无 现用车型： 首次登记日期：　　　　行驶里程：　　　　评估价格：　　　　期望价格： 意向车型：		
需求	使用人：　　　　　购车预算：　　　　　购车用途：　　　购买方式：□全款 外观颜色：　　　　内饰颜色：　　　　配置：　　　　　　　□贷款 购车关注点：□舒适　□安全　□动力　□操控　□科技　□环保　□服务　□其他 金融方案：□12 期　　　□24 期　　　□36 期　　首付比例：□0 首付　　□20%　　□30% 保险方案：□交强险 □商业险（□车损险 □三者险 □附加险　　　　　　　　　　） 精品：　　　　　　　　　　　　　　其他：		
信息跟踪记录			

下次预约 （　月　日）	跟进日期	事项	意向级别

任务评价

客户需求探寻任务评价表					
评价指标	分值（10分）	（　）组	（　）组	（　）组	（　）组
需求探寻提问逻辑清晰	5分				
注意倾听与反馈	3分				
适当赞美客户	1分				
合理推荐车型	1分				

相关知识

什么车是好车？适合的就是最好的。

需求分析环节是销售顾问与客户的第一次"亲密接触"，在这个过程中，保持良好的沟通氛围，迅速建立相互信任很重要。作为后续工作环节的基础，不能弄清客户需求，我们将不能进行有效的产品介绍和试乘试驾，我们提供的购买方案有也很难让客户满意。

需求分析业务流程图如图3-2所示。

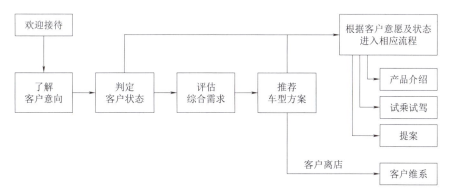

图3-2 需求分析业务流程图

在帮助客户推荐车辆、介绍车辆之前，要详细了解客户的用车需求，这样才可以为客户推荐适合的好车。当然，这里的"适合"，除了车辆本身要满足客户的使用要求外，还要包含客户关心的其他内容，比如购车预算、付款方式、车辆保险、精品装饰等。

在"需求分析"这一环节，需要了解客户的需求和购买动机，并在此基础上确定解决方案，如图3-3所示。

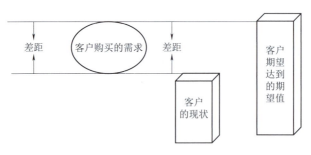

图3-3　客户的需求

　　在此过程中，可以通过恰当的提问与沟通技巧，引导客户介绍自己的观点，进行精准的客户需求分析；协助客户确定合适的车型，将商品性能与客户生活方式相结合，引发购买兴趣；传递品牌理念，树立客户对于品牌、商品、经销商乃至销售顾问个人的信心。

一、需求类型

　　根据马斯洛的需要层次理论（Hierarchical Theory of Needs），人的需要可以分为生理的需要、安全的需要、归属与爱的需要、尊重的需要以及自我实现的需要五个等级。这些需要是激励和指引个体行为的力量，而指引客户完成车辆购买行为的需要似乎很复杂。

　　对于具体客户来说，需求是人们在欲望驱动下的一种有条件的、可行的，又是最优的选择，这种选择使欲望达到有限的最大满足，即人们总是选择能负担的最佳物品。形成需求的基本要素包括消费者的偏好、物品的价格以及消费者的购买力。这三个要素构成了商品买卖双方最关心的三件事，即客户喜欢什么、商品价格以及客户的预算。

　　在实际销售工作中，我们往往更关注另一个观点，即需求的本质是客户的期望和现状之间的差距。

　　在这一观点下，确立需求就是要了解和发掘客户的现状及他所期望达到的目标，明确这两者之间的差距。这个差距就是客户的需求。

　　那么我们如何弄清客户的需求？客户会如何表达自己的需求？

1. 显性需求和隐性需求

　　客户的需求多样且复杂，很多时候，客户只愿意明确表达自己需求的一部分。就像冰山一样，显露在外面的往往只是很小一部分，更多更重要的部分被隐藏了起来。

　　显性需求，是指客户意识到，并且能够、愿意清楚表达的需求。

　　比如客户说："我希望新车提速快。"

　　隐性需求是指客户没有直接提出、不能清楚描述的需求，是显性需求背后的隐含理由。

比如客户希望新车提速快的没有说出来的原因是：我曾经在自驾游的过程中，被其他同伴嘲笑过，我希望新车能让我在人前更体面。

在上面的例子中，体面比提速快更重要，隐性需求比显性需求更重要。

隐性需求与显性需求有着千丝万缕的联系。在很多情况下，隐性需求是显性需求的延续，或者，隐性需求是显性需求背后真实的原因。

通常而言，显性需求比较容易识别，隐性需求则比较难以辨认，但是在客户决策时，却是隐性需求起决定作用，因为隐性需求才是客户需求的本质所在。

举个简单的例子。客户说，只要你们的车子质量好，价格无所谓。在这句话里边，如果我们真的理解成"客户更加重视车辆的品质、性能、安全性等指标，价位高些他也能接受"，那么这笔业务就基本没什么希望了。

2. 理性需求和感性需求

对于车辆的需求，客户表述的方式可以分为"理性"和"感性"。比如，可以理性地追求车辆的质量、性能、油耗等，也可以希望新车足够稳重、有品位。

理性需求是指由数据分析、技术比较、理论推导等导致的客户需求，可以用明确的技术数据来应答，并能够清晰指向具体的产品装备。比如，性能可以用发动机参数来描述，经济性可以用油耗来描述，安全可以用主/被动安全装备以及碰撞试验数据来描述。这些有逻辑依据的方便描述与比较的需求，都是理性需求。

与之相对，由个人偏好、情感、价值取向等导致的客户需求，往往很难用明确的数据标准来解释。不易清晰指向具体的产品装备的需求都是感性需求。比如，外观是否好看，不但很难用数据来描述，没有统一标准，不同客户因其文化水平、个人偏好、价值观等差别，也会有属于自己的感性判断。

多数情况下，客户在做购买决定时基于他们的感性。"一见钟情"式的冲动购买在汽车领域并不少见，尤其是产品同质化日趋严重的今天。好的品牌、好的外观、某一处细节设计、更加个性的颜色等，其中任何一项都可以成为客户购买的决定因素。很多人都有过"曾经沧海难为水"的经历，当客户喜欢上某一产品之后，便很难再被其他产品所打动。

但客户感性的购买决定需要理性的价值来支撑。感性需求经引导后，能够呈现出具体的理性需求，这是体现销售顾问价值的地方。比如，客户因为这辆车看起来稳重大气而喜爱，这是感性的表现，我们需要从理性的角度出发，告诉客户这辆车究竟哪里稳重大气，比如车身尺寸、颜色选择、实木内饰、线条设计等，我们在用理性依据告诉客户一句话：您的感性选择是对的。

二、从哪些方面了解客户需求

充分详实地了解客户需求，是开展后续工作的基础。可以从六个维度来了解客户需求，见表3-2。

表3-2　客户需求维度

维度	客户信息	话术示例
了解客户的基本信息	姓名、职业、兴趣爱好、家庭情况、联系方式等	我看您的气质，是大学老师吧？
了解获取信息的渠道	网络、亲友推荐、广播、电视、报纸等	您是从哪里了解到丰田汽车的呢？
判断客户的购买动机	购车目的、车辆用途、使用者等	您买车主要用来上下班还是经常出远门？
了解客户的购买期望	购车预算、预计时间、付款方式、功能配置等	对价格、付款方式、用车时间关注
了解客户的购买标准	用车经历及关注点	对车辆性能、特点、之前用车的关注
了解客户的意向车型	感兴趣的车型及要求，包括本品和竞品	您还对什么品牌的车感兴趣？

在众多的客户需求信息中，有一些是非常重要、可以帮助我们快速区分客户、锁定车型、引导流程环节的，比如：

"您的购车预算是多少？"这是最常见、销售顾问最关心的客户信息，这个信息可以帮助我们快速筛选车型，锁定目标。

同样，"您之前还看过其他什么车型？"这样的问题也可以帮助我们迅速选定车型。

"您打算什么时间用车？"这是一个调节流程节奏的问题，如果客户的用车时间很近，成交方案是非常迫切的；如果客户不着急用车，要为客户提供更多关于车辆本身的信息来帮助其比较分析。

"您对自己现在的用车有哪些不满意的地方吗？"或者"您为什么要换车？"这样的问题可以帮助确定客户真实的对新车的期待，因为需求的本质是客户的期望和现状之间的差距，了解了客户对现状的不满，也就知道了客户对新车有哪些需求。

以上内容是给出的部分建议，需求分析工作没有绝对的标准，因人而异，因环境而异，在这个过程中，相互的信任非常重要。

三、提问

了解客户需求，提问是最直接、最简便有效的方式。合理使用不同

提问技巧

的提问方式，可以让我们事半功倍。

我们向客户提出的问题，可以分为"开放式问题"和"封闭式问题"。

1. 开放式问题

一般来讲，开放式问题是指比较概括、广泛、范围较大的问题，对回答的内容限制不严格，给对方以充分自由发挥的余地。开放式问题的优点是回答的范围不受限制、容易切入，可缩短双方心理、感情距离。它的不足是回答过于松散、自由、难以深度挖掘，而且不易有效引导。

典型的开放式问题：

➤ 您对现在的车有什么不满意的地方吗？

➤ 车辆的主要用途是什么？

➤ 您平时的驾驶习惯怎么样？

➤ 您能接受的购车预算是多少？

➤ 您觉得这款车的颜色怎么样？

2. 封闭式问题

封闭式问题是指答案有唯一性，范围较小，有限制的问题，对回答的内容有一定限制，提问时，给对方一个框架，让对方在可选的几个答案中进行选择。封闭式问题的优点是能够让回答者按照指定的思路去回答问题，而不至于跑题。它的不足是限制了内心探索，限制了自由表达，使提问趋于非个人化。

典型的封闭式问题：

➤ 您喜欢两厢车还是三厢车？

➤ 您喜欢自动挡还是手动挡的车？

➤ 您是全款还是分期？

➤ 您是刷卡还是手机支付？

➤ 您需要一辆轿车还是 SUV？

当需要通过提问来缩小范围的时候，尽量选择封闭式提问。比如：您喜欢轿车还是 SUV？客户的回答会帮我们排除一半的备选车型。如果希望通过客户更多的描述来发现机会，开放式问题更有效。

3. 5W2H 提问法

一般情况下，按照 5W2H 提问法进行提问，可以获取最主要的信息。

➤ What：先生要买什么车？

➤ Why：先生买这辆车主要用来做什么？

➤ When：什么时候购买？

➤ Where：车打算在什么地方用？

➤ Who：谁来使用这个车？

➤ How：您是打算一次性付款买车还是贷款买车？

➤ How much：有没有购车预算范围？

4. 提问的技巧

用恰当的方式把有利于自己的信息传递给客户，让客户感到购买你的产品是一个正确的决定，从而提高客户的满意度，这些对你日后的销售工作也可能会有很大的帮助。

（1）要注意提问的时机。

（2）在提问的过程中也要进行适当的反问。

如果客户向你提出问题，而你却不知道怎样回答，这时你有两种方式可以选择：实事求是，切忌不懂装懂；反过来提问客户，让客户说出他是怎样看待这个问题的，这通常就是他希望得到的回答，你也正好可以据此投其所好了。

（3）保持恰当的沉默。

如果在通话过程中出现了长时间的沉默，这当然会造成很尴尬的局面。但是适当的沉默也是十分必要的。例如，向客户提问后，保持一小段时间的沉默，正好能给客户提供一次必要的思考的时间。

（4）同一时间只问一个问题。

通常你可能需要同时提出几个问题要对方回答，而他往往只会记得其中的一个，或觉得无从谈起。所以，同一时间只问一个问题才是最好的选择。

（5）提问时，注意不要中伤客户、让客户难堪或是指责客户。

（6）不要提出客户不会回答的问题。

（7）如果需要向客户提出比较敏感和隐私的问题，要先向客户说明提问的原因。

四、倾听与反馈

1. 倾听的要点

倾听属于销售中有效沟通的必要部分，以求销售顾问与客户达成思想上的一致和感情上的通畅。

倾听与反馈

（1）克服自我为中心：不要总是谈论自己。

（2）克服自以为是：不要总想占主导地位。

（3）尊重对方：不要打断对话，要让对方把话说完。千万不要因为想去深究那些不重要或不相关的细节而打断人。

（4）不要激动：不要匆忙下结论，不要急于评价对方的观点，不要急切地表达建议，不要因为与对方不同的见解而产生激烈的争执。要仔细地听对方说些什么，不要把精力放在思考怎样反驳对方所说的某一个具体的小的观点上。

（5）尽量不要边听边琢磨他下面将会说什么。

（6）问自己是不是有偏见或成见，它们很容易影响你去听别人说。

（7）不要使你的思维跳跃得比说话者还快，不要试图理解对方还没有说出来的意思。

（8）注重一些细节：不要试图了解自己不应该知道的东西，不要做小动作，不要走神，不必介意别人讲话的特点。

2. 倾听的技巧

1）确认

在客户讲话过程中，可能会有一些词语你没有听清，也可能有一些专业术语你不懂，这就特别需要向客户进行确认，进一步明确客户所讲的内容。

同时，你跟客户交流时，一定要注意自己的术语使用问题。不能运用太多的术语，以免给客户造成理解上的障碍。

2）澄清

对容易产生歧义的地方，要及时地与对方沟通，以便充分了解客户的真正想法。客户说的某一句话都可能存在着两种或多种理解，如果自以为是，只按照自己的好恶去理解，就必然容易产生误解。所以，一定要及时地与客户进行交流，澄清事实。

3）反馈

在倾听的过程中，要积极地向客户及时进行反馈。要不断地让他意识到你始终都在认真地听他讲话。如果你只顾自己长时间的讲话而听不到回应，势必会给客户造成心理压力，他自然就不愿意继续讲下面的内容而只想尽快地结束对话了。

4）记录

对沟通的内容进行适时的记录，既是对客户的尊重，也可以保证不遗漏重要信息，这一点在电话沟通中尤为重要。

3. 反馈

在刚刚提到的整个倾听的要点和技巧中，反馈非常容易被销售人员所忽视，但在与客户的交流过程中，适时地用行为和语言进行反馈尤为重要。

可以用下列方式表明我们对客户说话内容感兴趣，给予对方积极回应：

➢ 保持视线接触：聆听时，必须看着对方的眼睛。

➢ 让人把话说完：让人把话说完整并且不插话，这表明你很看重沟通的内容。

➢ 表示赞同：点头或者微笑就可以表示赞同正在说的内容，表明你与说话人意见相合。

➢ 放松自己：采用放松的身体姿态，就会得到这样的印象：他们的话得到你完全关注了。

五、客户级别判定

通过需求分析，了解了客户的用车需求以及客户购买意愿的强烈程度，可以据此将客户进行分级，并采取不同的应对策略。

望闻问切
四诊法

我们经常根据购买行为将客户分成 H、A、B、C 四类。表 3-3 展示了某品牌判断客户级别的依据以及建议的跟进方法。

表 3-3 客户分级管理

级别	判断依据	行为判断	成交时间/跟进频率	常用跟进方法
H	具备三个要素	车型颜色已确定 已提供付款及交车日期 分期手续进行中 二手车进行处理中	7 日内可能成交/ 至少（1 次/2 日）	利诱法
A	具备两个要素	已谈购车条件 购车时间已确定 选定了下次商谈日期 再度来看展车 要求协助处理旧车	半个月可能成交/ 至少（1 次/4 日）	探寻法
B	具备两个要素	商谈中表露出有购车意愿 已有备选，正在决定拟购品牌 已有备选，正在决定拟购车型 经判定有购车条件者	1 个月可能成交/ 至少（1 次/周）	店头活动法
C	具备一个要素	商谈中表露出有购车意愿 购车时间模糊 还在考虑品牌、车型等要素 经判断有购车条件者	3 个月可能成交/ 至少（1 次/半月）	促销法

在线测验

练一练：登录 http://www.zhihuishu.com/，完成在线测验题。

课后拓学

拓展任务

试一试：请教企业导师，搜集一个实际的需求分析案例。

项目四

客户体验与商品说明

选车没有最好，只有"最适合"

陈子育，2019年入职沈阳中升丰田汽车销售服务有限公司，因实习表现优秀，两个月转正，2019年荣获经销店最佳进步奖，2021年荣获经销店最佳技能奖，现任沈阳中升丰田直播销售顾问。

不论是线下看车还是线上直播，很多客户都会对不同品牌的汽车进行对比，对比配置、对比价格、对比服务等，销售顾问需要用自己专业的知识帮助客户分析、对比不同车型之间的差异，从而向客户推荐最适合客户选购的车。

陈子育曾经接待过一位客户，钱女士，40岁左右，家里有两个男孩，打算选购一辆SUV接送孩子用。钱女士对丰田品牌比较信赖，但是并不了解一汽丰田和广汽丰田的产品区别。经过沟通交流，陈子育了解到钱女士之所以选择丰田，是听说丰田车故障率低，不用总到4S店修车，而且保养成本也比较低，还有厂家质保，用车比较放心。钱女士比较喜欢一汽丰田荣放风尚版，但是她也了解过广汽丰田威兰达的价格比荣放低几千元，她觉得都是丰田车，还是价格低的更划算。陈子育了解到客户的顾虑后，向客户推荐荣放，理由有三点：第一是荣放已经是第五代车型，技术非常成熟，而且市场占有率高，如果几年后换车，车辆的保值率更高；第二是同样是中配车型，荣放配备了360°全景影像，而威兰达只配备了真皮座椅，从使用需求上看，全景影像更实用，而且这项配置不能后期加装，必须是原厂配备才能享受厂家3年10万千米的质保；第三是一汽丰田的服务网络更多，客户即使开车出行，也可以在各地享受到一汽丰田的标准服务，用车更放心。经过陈子育的介绍，钱女士觉得对比来看，还是买荣放更合适，和家人商量后，很快就订了车。

通过阅读案例，请思考：

1. 在向客户进行车辆介绍时，应做好哪些准备？

2. 销售顾问赢得客户认可的关键是什么？

 学习目标

素养目标：

1. 通过案例分析、视频示范，培养学生爱岗敬业的精神和良好的沟通能力；

2. 通过情景模拟、分组辩论，培养学生创新精神与思辨意识，树立新时代价值观；

3. 通过多种教学手段的应用，培养学生以客户为中心的服务意识和专业、诚信的职业素养，践行诚信、友善、敬业的价值准则。

知识目标：

1. 理解 FAB 法则的含义与重点；

2. 掌握六方位绕车的方法与执行标准；

3. 掌握竞品对比的注意事项与客户异议处理策略。

能力目标：

1. 能够应用六方位绕车进行产品介绍；

2. 能够应用 FAB 法则讲解车辆重点配置，同时关注客户体验与需求；

3. 能够通过合理的竞品对比方式向客户着重展示本品突出优势；

4. 能够巧妙对应客户异议，解决客户的异议问题。

任务 4-1　六方位绕车

课前导学

1. 登录 http://www.zhihuishu.com/，学习《六方位绕车》。
2. 完成在线测验题并参与话题讨论。

课中研学

任务引入

　　李宏是某汽车销售服务公司的实习销售顾问，一天，客户王先生到店看车，正好李宏当班，客户没有预约，李宏主动接待客户，了解到客户的意向车型后，李宏按标准的六方位绕车顺序开始向客户介绍产品，起初客户很感兴趣，对车型定位、车型优势的介绍频频点头，但是李宏带着客户绕到车辆侧面时，只顾着讲话术，迟迟不让客户进车体验，引起了客户的反感。王先生打断了李宏的话，并告诉李宏："先这样吧，我还是自己看看吧。"转身离开了展厅。

　　请思考：

1. 你认为李宏介绍车辆的方法对吗？
2. 车辆介绍时如何才能让客户认真听？

任务描述

　　根据任务情境分析，销售顾问应该如何向客户介绍产品？

探究学习

活动 1　VR 看车，总结车辆不同位置可以展示的重点

- 选择一款车型，通过电脑在线 VR 看车，总结不同位置可以展示的重点配置。
- 以小组为单位，将车辆展示重点粘贴在实训车辆对应位置。

活动 2　话术拓展，按合理顺序总结配置介绍的话术

- 总结车前方、车侧方、车后方、车后座、驾驶室、发动机舱的介绍话术。

• 情景演练：学生模拟销售顾问完成六方位绕车讲解。

六方位绕车任务单	
姓名：_____ 班级：_____ 学号：_____	
所选车型	
方位	话术准备内容
左前方 （正前方）	建议从车辆品牌历史、品牌定位、车型定位、前风挡玻璃、前脸造型、进气格栅、前大灯等方面展开
车侧方	建议从车身尺寸、车身结构、车身安全、底盘设计、悬架结构、车轮尺寸等方面展开，还可以介绍关于操控与行驶方面相关的技术

续表

方位	话术准备内容
车后方	建议从后风窗玻璃、尾灯、后备箱、排气管等方面展开
车后座	建议从舒适性、静谧性、安全性等方面展开，可以介绍车内空间、座椅、空调、头枕、天窗、娱乐系统、安全锁、防夹车窗、安全带、安全气囊、儿童座椅等
驾驶室	建议从舒适性、操控性、安全性、智能科技等方面展开，可以介绍内饰设计、做工细节、环保材质、人性化关怀、多功能转向盘、影音娱乐系统、人机交互导航、语音控制、无线充电等
发动机舱	建议从发动机舱布局、发动机型号、变速器、车辆动力表现、燃油经济性、维修保养便利性等方面展开

任务评价

六方位绕车任务评价表

姓名：_____ 班级：_____ 学号：_____

考核重点	考核标准	分值(10分)	得分					
			（ ）组	（ ）组	（ ）组	（ ）组	（ ）组	（ ）组
绕车顺序	能够按照顺/逆时针顺序展开介绍	2分						
绕车位置与介绍内容匹配度	绕车位置与配置/卖点匹配合理	2分						
FAB应用	能够应用FAB方法介绍重要配置/卖点，且用语得当	3分						
互动沟通	鼓励客户，参与激发客户兴趣	3分						

相关知识

在整个销售流程中，客户的情绪从"产品介绍"环节开始，逐渐高涨，因为自己喜爱的产品实实在在地展示在了自己面前，看得见，摸得着。我们要通过恰当的产品展示技巧和沟通技巧，唤起潜在客户的热情，使其能够真实体验品牌和产品的精彩之处，并将其转化为拥有这辆汽车的愿望。

产品介绍也被称为"商品说明"或"新车展示"等，产品介绍是一个静态展示过程，与后续动态的"试乘试驾"环节一起，向客户生动展示产品可以为其日后的用车生活带来哪些方便和利益。

产品介绍业务流程图如图4-1所示。

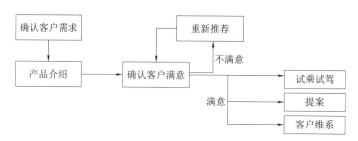

图4-1 产品介绍业务流程图

经过详细的需求分析，了解了客户的主要用车需求后，我们会跟客户说类似这样的话：根据您的用车需求，我为您推荐××车型。在接下来的产品介绍环节，我们的工作目标是结合客户需求有针对性地展示产品为客户带来的重点利益，并印证所推荐的车型能最大限度地满足客户的需求。

面对一辆自己喜爱的汽车，客户期望我们的产品介绍能够：

提供符合客户实际需求的产品介绍；

展示销售顾问的真诚、经销商的强大实力和产品能带给客户的高价值；

提供系统、有序的产品展示，方便归类总结且不会感觉混乱。

一、产品介绍的准备工作

产品介绍环节是在客户心中建立产品价值、品牌信心的重要过程。为了做好产品介绍阶段的工作，需要做好以下准备工作。

1. 充分的产品知识和良好的沟通技巧

汽车产品的复杂程度远超其他生活用品，不同品牌、不同车型间的差异很大，所以需要销售顾问通过专业的产品知识和通俗易懂的沟通技巧，来建立产品价值。销售顾问的专业程度越高，可信度越高。

2. 充分的客户需求分析和初步达成共识的意向车型

这是进行产品介绍的前提。不了解客户需求的产品介绍不但没有意义，有时甚至适得其反，不要着急开始介绍产品，多关注一下客户的用车需求。

3. 持续了解客户需求，随时准备应对客户新的需求

很多客户不能明确表述自己的实际需求，或者他们对车辆的需求复杂多样。在需求分析环节，客户表述的需求往往比较概括，比如，"我希望新车舒适性好一些"，但客户需求不会明确指向具体装备。当客户面前出现实车时，客户会萌生很多新的具体的需求，我们要做好准备，随时应对新的需求。

4. 充足的全系车型产品手册

对于销售顾问而言，产品手册早已司空见惯，所以很多人忽视了它的重要性，对于客户而言，印刷精美的产品手册不仅是产品信息的载体，也是传递品牌形象与信心的手段。

5. 其他

展车除符合展示标准外，还应注意各个功能部分的复位（座椅、头枕、天窗、音响、灯光、转向盘角度、后排座椅靠背等），便于新车展示过程中的功能介绍。

二、六方位绕车

当了解清楚购车客户的需求之后，需要向客户进行推荐车型的介绍，以证明推荐的车型可以很好地满足客户的用车需求，甚至是超越客户的需求。

六方位绕车

为了更加全面、有序地向客户进行产品展示，通常情况下，会采用"六方位绕车"介绍法。顾名思义，就是在围绕汽车的六个不同方位，对产品进行全面介绍。

在实际工作过程中，因为不同品牌、不同车型的特点有所区别，所以，六方位绕车在不同品牌的执行标准也有所差异。比如：丰田品牌建议依次介绍车辆左前方45°、车辆正前方及引擎室、车辆右侧、车辆后方、车辆后座以及驾驶室；奥迪品牌要求依次介绍车辆正前方及引擎室、车辆右侧、车辆右后方、车辆后方、车辆后座以及驾驶室；大众品牌将引擎室拿出来单独介绍，演变形成了"6+1方位介绍"，依次介绍车辆的左前方、正前方、右前方、正后方、车内后排、驾驶室及引擎室。

虽然不同品牌都有自己特点，但设计初衷是一样的，要把自己产品的最大特点展示给客户。

接下来选取多数品牌的共性部分，为大家介绍六方位绕车在各个位置可以向客户展示的车辆配置或卖点。

1. 车辆正前方

当引导客户至车辆正前方时，可以完整地看到车辆外观设计的正面效果与视觉冲击力，同时，结合车辆的品牌logo，可以向客户介绍品牌历史、品牌定位、车辆档次等带给客户的品牌价值。当然，在这个位置，也可以向客户介绍车辆的进气格栅、前大灯、引擎盖的设计、前风挡玻璃等。

话术示例（以奥迪A6L为例）：

先生这边请，请跟随我来到车辆的正前方。

我们现在看到的就是最新款的奥迪A6L，奥迪作为全球一线豪华品牌，自1986年进入中国以来，连续32年排名中国豪华车市场销量第一，奥迪的四环logo配合硕大的进气格栅，带给我们非常好的视觉冲击力和辨识度。当然，还有奥迪引以为傲的全LED大灯，点亮速度快，穿透力强，能耗低，为我们提供良好驾驶视野的同时，也可以让我们的行驶更加安全。很多人习惯称呼奥迪为灯厂，也说明了奥迪在车灯领域始终保持领先的地位。

奥迪的四环logo代表奥迪由四家公司合并而来，象征了合作伙伴间亲密的关系。我们也祝愿您能够与生意上的伙伴亲密无间，生意兴隆，希望奥迪品牌可以为您的事业增添光彩。

2. 车辆侧方（包含侧前方或侧后方）

站在车辆的侧面，可以更加直观地感受车辆的侧面设计，比如修长的车身带来的大气之美，硬朗的腰线彰显出运动与力量，如果是 SUV 车型，这里更适合介绍车辆的通过性。所以，在这个位置，可以介绍车辆的车身尺寸，包括车长、车高、轴距、前悬、后悬、离地间隙等。另外，在侧面还可以看到整个车身骨架的构成，与安全相关的车身材质与硬度、焊接方式、车门保护等也可以在这里进行介绍。

如果是流线型车身设计，在侧面还可以介绍这种设计带来的低风阻系数以及更低的燃油消耗。

车身侧面可能是整个车辆中最具动感效果的方位，所以，关于操控与行驶的相关驱动方式、巡航系统、车身稳定系统等也可以在这里进行介绍。

因为车辆的静态展示，客户看不到车辆底部的情况，所以侧面也是介绍底盘设计、悬架结构、车轮尺寸的恰当位置。

话术示例（以奥迪 A6L 为例）：

先生，这边请。

从这个角度看过去，可以从整体感受到奥迪 A6L 大气的外观和动感的车身设计，这款车的风阻系数只有 0.28，非常动感并且节省燃油。

您看，这款车达到了将近 5.1 m 的车长，轴距达到了 3 024 mm，可以为我们提供很好的乘坐空间。

作为一款 C 级豪华车，车身安全对于您一定非常重要，奥迪采用了业内领先的激光焊接技术，加上 A 柱、B 柱和 C 柱采用的超高强度热成型钢板，可以让车身有更高的强度。

为您推荐的这款 A6L，前后都采用了多连杆悬架，可以为我们提供更加舒适的操控和驾乘感受，以及更加精准的转向。

3. 车辆后方

来到车辆的后方，从上到下，可以看到后风窗玻璃、尾灯、后备箱以及最下面的排气管。很多新晋销售顾问可能会觉得这里没什么可介绍的，很单调。其实，车上的每一处细节设计对车主都有不同的价值。比如：

后风窗玻璃的大小关系到驾驶员的后部视野，后风窗玻璃与后备箱盖的相对位置及连接方式决定了车身造型是普通家用轿车还是更加运动的轿跑车。

尾灯的造型设计是车身整体设计的一部分，尾灯的光源与点亮速度关乎行驶安全。

后备箱的大小、开启方式、开口大小、内部布局等细节决定了自身的实用性。

即使是最不起眼的排气管、双边四出的粗大的排气口，也在告诉用户车辆拥有的强劲动力，更何况还有中置排气、方形设计等。

只要用心，总能为客户发现很多有价值的细节。

话术示例：

女士，您刚才提到咱们家里有孩子，平时外出的时候，会携带很对孩子的物品，这样对后备箱就会有一定的要求，对吧？

我给您推荐的这款车，不但有 550 L 的后备箱容积，可以 4∶6 比例放倒的后排座椅。更重要的是后备箱的低开口设计，这样当我们存放或拿取大件物品时，就会更加方便省力。而且 SUV 相对于普通家用轿车来讲，最大的优点就是纵向空间比较高，可以轻松存放孩子的自行车等物品。

4. 车辆后座

车辆的后排空间对于很多车主来讲非常重要，这里承载着家里老人、孩子要求的舒适、安静、安全，也体现着对商务客户最起码的尊重。所以，客户坐在后排，我们可以介绍关于舒适的前后空间、纵向空间、座椅、空调、头枕、天窗、私密性、静音以及后排的娱乐系统，也可以介绍与安全相关的安全气囊（气帘）、安全带以及与儿童安全相关的防夹车窗、儿童锁、儿童座椅等。当然，这些内容稍加调整，就可以变成应对商务客户的产品介绍。

话术示例：

先生，您刚才提到，会经常带着老人和孩子一起外出游玩。我觉得这款车配备的三温区独立空调是非常适合您的，老人和孩子长途行驶会疲劳，可能会在后排休息，需要较高的空调温度，而多数男士更喜欢较低的空调温度，这样我们就可以利用三温区空调，将不同位置设定不同的温度，让车内所有驾乘人员都享受到舒适的温度。

5. 车辆驾驶室

车辆驾驶室是使用率最高的地方，也是功能最丰富、可展示内容最多的地方。多数情况下，购买者即是驾驶者，所以可以在这里为客户创建更多的驾驶冲动。

客户坐在驾驶员的位置上，可以向其展示内饰的设计风格、做工细节、环保材质、人性化关怀，也很方便展示各种功能的操作，比如多功能转向盘、影音娱乐系统、实体按键的触感反馈、触摸屏幕的灵敏高效，以及人机交互式的导航、语音控制、手势控制等。

当然，安全与舒适对车辆驾驶员同样重要，甚至多数车辆为驾驶员提供了相比于后排更多的关怀与支持，所以，在驾驶室，也要重点介绍座椅、安全气囊等。

话术示例（以奥迪 A6L 为例）：

女士，您看，奥迪在整体设计风格方面，简洁又不失豪华品牌的大气，偏向驾驶员一侧的中控台设计，充分展现了奥迪对驾驶人员的人性化关怀。

奥迪 A6L 的座舱设计全面承袭家族旗舰车型的设计风格，金属线条与合金面板横向延伸，将空调出风口暗藏于其中，通过全新双层分体式 MMI® 显示屏进一步简化了中控台的功能分区，实木、金属、真皮、Alcantara 等大量丰富的多元化材质无处不在。

奥迪 A6L 搭载了新一代全触控反馈式 MMI® 系统。这套系统的创新体验在于它巧妙融合了奥迪传统德式机械手感与新时代触控输入。日益丰富且发达的汽车科技，必然需要更加智能的操作方式，全机械控制已经不能满足奥迪对于丰富科技的追求。而按压震动的回馈，不但让驾驶者大大减少了触摸屏幕的误操作，也让驾驶者找回了那曾经熟悉的手感。精致且简约的暗色系 UI 设计让它在夜晚降临的时候，最大限度地减少对驾驶者的炫目影响，巧妙地隐藏于黑色烤漆的中控面板内。

您亲自感受一下这块屏幕的触控反馈，非常清晰，非常有质感。

奥迪将车辆设置、驾驶模式选择、影音娱乐系统、人车交互等很多功能全部集中在这里，不但节省了中控台的空间，也让这辆车科技感十足，您说对吧？

6. 车辆引擎室

发动机与变速器是整辆汽车的核心。打开引擎盖，我们可能会看见发动机、各种管路以及很多不同颜色的液体。当然，现在有很多车，把这所有的一切都掩盖在了一块硕大的盖板下面。

在这里，可以介绍发动机和变速器的型号、车辆的动力表现，比如最大功率、最大扭矩、百千米加速时间以及动力输出的平顺性等，也可以介绍车辆的燃油经济性、发动机的静音表现、维修保养的方便等。

话术示例（以奥迪 A6L 为例）：

今天给您介绍的这款车搭配了奥迪最新 2.0T 涡轮增压缸内直喷高功率发动机。这款发动机的最大功率能到达 165 kW，最大扭矩达到了 350 N·m。百千米加速时间只需要 6.7 s。我觉得这样的动力表现能够满足大部分的使用。刚才您提到会经常跑高速，如果在高速路遇到大车需要快速超车时，我想这款车的提速能力一定会让您满意的。关于这辆车的动力表现，我们可以在稍后的试乘试驾环节详细体验。

关于六方位绕车，有如下提示：

1. 销售工作是灵活的，要懂得变通

在什么位置，介绍什么内容，并不是绝对的。比如，可以在车辆正前方介绍具有隔热、防紫外线、静音功能的前风挡玻璃，也可以在车内介绍舒适性的时候进行介绍。

面对性别不同、年龄不同、驾驶经验不同的客户，介绍方式要有所区别，不要说客户听不懂的话，不要说客户不关心的话。

2. 要结合客户的重点需求，重点介绍，不要追求面面俱到

一次详细的静态车辆展示，可能要持续很长时间，不要奢望客户有足够的耐心听我们介绍，需要在最短时间内将客户的注意力吸引住，所以，不要奢望向客户去展示所有的卖点，因为对于客户而言，只有他需要的才是卖点。

3. 车辆介绍究竟从哪里开始，客户说了算

课程讲授时，教师一定会选择一个方位来讲解"六方位绕车"，如果客户像学生一样听话最好，但真实的客户，最常见的可能是进店就坐进了自己喜欢的车里，所以我们的产品展示并不一定从车辆正前方开始。

究竟从哪里开始？客户的需求说了算。我们希望在最短的时间内打动客户，所以，在需求分析环节，了解到了客户最关注什么，就可以从客户的关注点开始。

4. 为后续环节做好铺垫

销售工作的直接目标是成交，产品介绍是为了证明我们所推荐的车型能最大限度地满足客户需求，以促进成交，所以，在这个过程中，要为后续的试乘试驾、报价成交环节做好准备。也就是说，要在静态的产品介绍过程中刺激客户的试驾欲望，要在介绍的过程中很好地融合二手车置换业务、金融保险业务以及售后服务等。

三、修正需求

如果我们的产品介绍没有让客户满意，有可能是因为产品介绍工作没有做好，比如不够专业。更大的可能是我们介绍的产品功能与卖点没有满足客户实际需求，所以我们要修正客户需求。比如：

1. 询问客户是否对推荐的产品满意

"先生，刚才为您详细介绍了这款车，不知您对这款车还满意吗？"

"不太满意。我觉得空间还是小了一些。"

2. 询问客户改变需求的具体原因并与客户确认新的需求点

"您觉得这款车的空间还是不够大，是因为车辆有什么特殊用途吗？"

"我经常带孩子长途自驾游，要带很多东西。"

这里客户新的需求很重要，"否定的意见远比敷衍的肯定更重要"，接下来除了要解决空间的问题外，还要针对"自驾游"扩展我们的工作。

3. 重新推荐新的方案，在取得客户认可后再次进行产品介绍

"先生，既然您对空间有特殊的要求，我为您推荐一款加长版的车型吧，它的后备箱容积达到了××升，比前一款车大了××升，我带你看看？"

"好的。"

四、产品介绍阶段的工作重点

1. 结合客户重点需求，为客户建立价值

我们要在销售工作的全过程中，在客户心中建立起良好的品牌价值、生产厂商价

值、经销商价值、产品价值以及销售顾问的个人价值。

其中，品牌价值、厂商价值和产品价值可以帮助客户明确购买目标。比如：

"奔驰品牌是世界汽车的发明者，在一百多年的历史中，奔驰品牌始终是全球公认的一线豪华品牌。"

"作为国内最具实力的汽车制造商，一汽不但拥有先进的设备和制造工艺，还拥有国内经验最丰富的汽车设计研发与制造团队。"

经销商价值和个人价值则是选择购买渠道的原因。比如：

"我们店是全国销量最大、客户满意度最高的××品牌经销商。"

"作为店内最资深的销售顾问，我给您的建议是……"

价格是价值的货币表现形式，价值建立得充分，不但可以让客户尽快做出购买决定，也会让后续的报价成交工作更加顺利。

2. 准确把握任务方向

产品介绍环节的任务目标是什么？印证我们所推荐的产品能够满足甚至超越客户的需求。所以，我们始终要以客户需求为指引，来开展产品介绍工作。客户需要的重点介绍，不需要的简单介绍或者不介绍。

3. 重点关注客户利益

对于客户而言，冰冷的机械和数据参数没有多大意义，客户需要车辆能够为自己带来利益。就像客户需要的不是更多的安全气囊，而是安全；客户需要的也不是最大功率的数字，而是动力性能带给自己的感受。关于这些，我们将会在后面的"FAB"环节详细介绍。

4. 引导客户互动和参与

根据客户满意度相关理论，参与程度越高，满意度越高。握在手里的获得感要远远超过看到的和听到的。比如：

"先生，您可以动手感受一下这块 12.3 英寸触摸屏幕，（客户操作后）怎么样？是不是可以清晰地感受到，它既有手机屏幕的灵敏度，也具备传统机械按键式的清晰反馈，既有数字时代的科技感，也让我们享受了机械按键的质感和安心。"

"女士，麻烦您自己用力抬起发动机舱盖，（客户操作后）这款车专门为女士车主做了很多的贴心设计，就像您刚刚打开的发动机舱盖，操作简单，不费力，即便是您这样温柔的女性，也可以轻松完成。"

随着数字时代的来临，客户获取关于新车的信息，已经不再完全依赖经销商和销售顾问，客户可以充分利用网络完成信息收集、竞品比较等车辆选购工作。所以，产品介绍不再是必须执行的标准流程，而是变成了更加灵活的个性化流程。是否进行产品介绍、产品介绍的方式与程度等，因客户而异。

在线测验

练一练：登录 http://www.zhihuishu.com/，完成在线测验题。

课后拓学

拓展任务

学一学：关注某品牌经销店直播，看一看销售顾问在直播中是如何展示车辆的。

评一评：你对销售顾问的直播介绍满意吗？

任务 4-2　FAB 法则

课前导学

1. 登录 http://www.zhihuishu.com/，学习《FAB 法则》。
2. 完成在线测验题并参与话题讨论。

课中研学

任务引入

张宇是某汽车销售服务公司的销售顾问，一天张宇接待了一位来店看车的客户，通过沟通了解到该客户姓李，是某私企部门主管，要买一辆 25 万~30 万元的轿车，平时上下班用，有时会因公事出差，注重汽车的动力性、舒适性和安全性。张宇在介绍时，考虑到客户会出差开车，特别提到车辆配有的智能座舱，客户很感兴趣，想详细了解关于智能座舱的功能。请思考：

1. 如果你是张宇，应该如何向客户介绍智能座舱呢？
2. 什么是 FAB 法则？
3. FAB 法则如何应用？

任务描述

　　客户李先生对张宇的介绍很感兴趣，考虑到车辆在使用中可能会遇到的问题，客户提出想多了解一些关于车辆的安全性配置，如果你是张宇，你会如何向客户介绍产品的安全配置？

 探究学习

活动1　FAB法则应用

　　● 红旗品牌是自主豪华品牌的代表，一直受到广大客户的关注，不论是线上还是线下，经常有很多客户咨询车辆的情况，为了更好地向客户展示车辆的卖点及性能，请你以红旗HS5为例总结出其在舒适性、安全性、操控性、动力性、经济性、智能科技以及环保性方面的主要配置，并应用FAB法则设计展示话术。

　　● 以小组为单位进行讨论，以团队合作的方式进行分享。

FAB法则应用任务单			
姓名：_____　　班级：_____　　学号：_____			
关注性能	F	A	B
舒适性			
安全性			
操控性			

续表

关注性能	F		A		B
动力性					
经济性					
智能科技					
环保性					
任务评价	学生自评				
	教师评价				

活动2　模拟演练

- 以红旗 HS5 为例，任选一项配置设计短视频展示方案，可以是关于舒适性、安全性、操控性、动力性、经济性、智能科技以及环保性方面的任一项配置。

- 以小组为单位，拍摄、制作短视频并发布，展示并分享。

FAB 法则应用模拟演练任务单
姓名：_____ 班级：_____ 学号：_____

配置	
拍摄脚本	

任务评价	学生自评	
	教师评价	

任务评价

1. 探究学习活动 1 评价表。

FAB 法则应用任务评价表					
评价指标	分值（10 分）	（　）组	（　）组	（　）组	（　）组
话术逻辑清晰	2 分				
场景描述真实可信	4 分				
语言表达自然流畅	2 分				
展示礼仪规范	1 分				
引导客户参与体验	1 分				

2. 探究学习活动 2 评价表。

FAB 法则应用模拟演练任务评价表					
评价指标	分值（10分）	（　）组	（　）组	（　）组	（　）组
短视频创意	2分				
短视频文案	4分				
视频拍摄与制作	2分				
短视频展示效果	1分				
团队合作	1分				

相关知识

在产品介绍过程中，为了能够更加生动地展示产品卖点，展示产品能够带给客户的利益，我们不能冷冰冰地背诵技术参数，需要结合客户需求，有温度、有技巧地进行产品介绍。

FAB 法则是一种可以广泛应用于多个领域的产品介绍方法，用来详细介绍某项重要配置或卖点。接下来分享如何使用 FAB 法则。

一、FAB 法则的含义

FAB 法则，即属性、作用、利益的法则，FAB 对应的是三个英文单词：Feature、Advantage 和 Benefit，按照这样的顺序来介绍，就是说服性演讲的结构，它达到的效果就是让客户相信你的是最好的。

FABE 法则

（1）F（Feature），属性、特征、特点、配置，指能够说明产品的数据与事实。

比如：先生，我为您推荐的这款车，搭载了最新的带有 360°影像功能的倒车辅助系统。

（2）A（Advantage），作用、好处、优势，与竞品相对，与老款产品相比，我们的优势是什么。通过这一环节，我们要在客户心里建立"人无我有、人有我优"的对比优势。

比如：先生，传统的倒车辅助功能只能监测后方情况，而且不能为我们的倒车行为提供指引。而本车搭载的这套倒车辅助系统，通过隐藏在车身周围的 4 个广角摄像头监视四周 360°情况，可以让我们更加清晰地看清周围的障碍与危险，配合辅助线、引导线以及雷达的警示声音，可以更好地辅助我们倒车或停车。

（3）B（Benefit），客户利益，产品的优点为现实客户带来的实际帮助。

比如：这样方便的倒车辅助系统，犹如为您增加了一个停车指挥员，使您停车更为方便和安全。

二、FAB 法则的应用

在实际工作过程中，为了使 FAB 法则更有冲击力，衍生出了更加丰富的内容，比如"FABE 法则"中增加了"证据"；丰田品牌提倡的"FABI"中增加了"冲击"；奥迪品牌使用的"QFABQ"中增加了"场景问题和确认问题"等。

下面以红旗 HS7 的主要配置为例，具体说明如何应用 FAB 法则介绍产品亮点，见表 4-1。

表 4-1 FAB 法则的应用

1. 直瀑式格栅	
	F：红旗 HS7 整个前脸保持了红旗家族的直瀑式格栅造型设计，搭配气贯山河前立标 A：使整个前脸造型看起来更加俊朗、时尚，立体感更强，同时像雄狮一样具有不怒自威的威武气势 B：给人以尊贵感和安全感，让您开出去更有面子
2. 云纹大灯	
 	F：红旗 HS7 前后行车灯都采用了云纹设计并采用 LED 光源 A：云纹设计独特新颖，LED 光源相比传统卤素光源响应速度更快、亮度更高、使用寿命更长 B：在经济、安全的同时，更会带来科技感
3. 侧旗标	
	F：红旗 HS7 侧面采用复式腰线、双色门把手，配合双色动感车轮、超大轮胎设计及红旗独有的侧旗标 A：不仅让整车看起来充满豪华感和力量感，还能突显红旗品牌浓厚的历史文化底蕴，并给人留下深刻的印象 B：开着红旗 HS7 出去，在满足个人自豪感的同时，也能赚足众人的眼球，让自己更有面子
4. 一线贯穿式中式设计	
	F：红旗 HS7 车侧采用一线贯穿式中式设计风格 A：让红旗 HS7 侧面整体造型更加立体，突显外观整体设计风格 B：一线贯穿式的车身线条，凸显简洁、大气的风格

续表

5. 超长轴距	
	F：红旗 HS7 前后轮距达到 3 008 mm，超越同级车型 A：超长轴距带来更宽敞、更舒适的乘坐空间，同时体现红旗精湛的造车工艺 B：开着红旗 HS7 出行，宽敞的乘坐空间可以为前后排乘客带来更舒适的乘坐感受，营造非凡气场
6. 环抱式中控布局	
	F：红旗 HS7 内饰布局采用仪表板与门板环抱式设计，仪表板中部采用从左到右贯穿的真铝饰条 A：形状仿佛雄鹰展翅飞翔，增加动感时尚的气息 B：环抱内饰，带来更加宽敞的乘坐感受
7. 14 扬声器 BOSE 音响	
	F：红旗 HS7 配置了 14 个 BOSE 音响 A：BOSE 的音响属于美国知名品牌，融入先进的功率放大技术、数字信号处理技术及调音技术，音色清亮纯净、细腻，让音响发烧友都无可挑剔的 14 扬声器环绕布置，成就高音效场景 B：给车内乘客提供如移动音乐厅、演唱会现场那般精彩的听觉盛宴，体验超越同级的豪华感与殿堂级的娱乐空间
8. NAPPA 真皮座椅	
	F：红旗 HS7 配置了 NAPPA 真皮座椅 A：NAPPA 真皮取材于欧洲范围内的 3~5 岁的小公牛，这一地区的公牛采用围栏式饲养，与大草原自由放养的牛群相比，它们具备更加"完美无瑕"的皮肤。为了保证牛皮皮质的韧性、质感，NAPPA 只选用靠近脊椎骨附近的一小部分原皮 B：使用 NAPPA 真皮座椅能体验真正的奢华
9. 主驾 14 向电动调节座椅	
	F：红旗 HS7 主驾配备了 14 向电动调节座椅 A：包括座椅整体前后、上下，坐垫倾角调节，靠背/腰部支撑/头枕 4 向调节 B：体现科技感的同时，操作更加简便、省力

续表

10. 后排影音娱乐系统	
	F：红旗 HS7 配备了同级独有的后排影音娱乐系统 A：10.1 英寸全贴合屏幕，可分屏播放 1 080P 高清视频，具备收音机、音乐、视频、联网功能，通过触控方式操作 B：为您带来科技感同时，更让您在车内可随时畅游在音乐、视频的海洋
11. 智能清洁座舱	
	F：红旗 HS7 配备了先进的智能清洁座舱系统 A：HS7 的空调系统除了常规的制冷制热外，还能够根据传感器自动检测车内外的空气质量，并根据车内外的空气质量进行空调内外循环的切换。PM2.5 空气过滤系统更是能有效过滤 PM2.5 的可吸入颗粒物，防止雾霾进入车内，确保车内空气健康。除此之外，等离子发生器可以有效杀灭车内空气中的细菌；负氧离子能够为驾驶员提供更多的氧分子，提神醒脑，确保行车安全 B：HS7 不仅关注您的安全与舒适，还关注您和家人的健康
12. 迎宾照地灯	
	F：HS7 配备了充满仪式感的迎宾照地灯功能 A：该功能通过左右两侧反观镜下的 LED 光源，将迎宾光照射在车辆两侧，让车辆看起来更加奢华，充满仪式感 B：试想一下，在夜晚时，当您和朋友同时解锁车辆，一条灯光红毯展现在您和朋友的眼前，是不是立刻就能感觉到一种奢华、尊贵的仪式感呢？
13. 手机无线充电	
	F：红旗 HS7 配备了手机无线充电功能 A：为了减少由于使用手机带来的行车风险，HS7 为您的手机提供了专门的手机休息区。在能放置手机的同时，采用电磁磁场为手机进行充电 B：它还具备防滑功能，让您在驾车的同时短暂脱离手机的束缚，专心开车的同时，享受世界的精彩

续表

14. 3.0T V6 发动机	
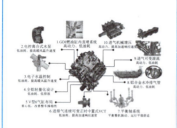	F：红旗 HS7 配置了中国一汽首款 V 型增压直喷发动机 A：它应用十大技术创新，开创 6 个首次，首次自主开发 V 型增压直喷发动机，首次应用机械增压技术，首次应用可变滚流技术，首次应用离合式水泵，首次应用 200 bar 喷油系统，首次应用水冷排气歧管 B：能让您体验满满的黑科技
15. 爱信 8AT 变速器	
	F：全新红旗 HS7 采用爱信最新一代纵置 8 速变速器 A：行星齿轮变速机构，结构先进紧凑，传动效率高，扭矩容量大，具备怠速起停功能和 N 挡控制功能，燃油经济性好，而且支持电子换挡功能 B：提高车辆科技体验，更为可贵的是，爱信 AT 变速箱技术非常成熟，性能可靠，操作简单，换挡方便灵活，燃油经济性也非常好
16. 空气悬挂	
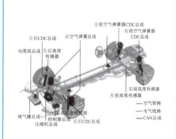	F：红旗 HS7 配备空气悬架系统 A：其同时集成空气弹簧系统和 CDC 系统，可实现车身高度保持、随速自适应调整、手动调整及随全地形模型根据路况自动调节车身高度、在粗糙路面上根据天钩控制策略连续自动调节减振器阻尼，以及在加减速、换挡、转弯、变道、过减速带等工况下，减振器阻尼自适应调节等功能 B：提升了整车舒适性、操控性、稳定性、通过性和燃油经济性
17. 智能路况识别	
	F：红旗 HS7 配置 8 种驾驶模式供驾驶员选择 A：匹配不同驾驶风格，适应不同驾驶路况，更能够根据不同路况自动识别地形并切换成相应动力系统 B：让您完美体验驾驶乐趣

续表

18. 全时四驱系统
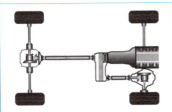	F：红旗 HS7 采用全时四驱系统 A：智能扭矩分配，良好的起步及优异的公路性能，兼顾一定的越野脱困能力，有效应对冰雪、砂石等多种路况 B：在带来极致驾驶乐趣的同时，也具备优良的燃油经济性

19. 安全气囊
	F：红旗 HS7 全车 8 安全气囊（前排正面双气囊、前后排座椅侧气囊、双侧气帘） A：能提供围绕驾乘者的 360°防护 B：高效地降低驾乘者交通事故的伤害程度

20. 高强度车身
	F：红旗 HS7 大量使用高强度钢材与创新的车身结构 A：高强钢比例高达 63.7%，重要位置更是采用抗拉强度高达 1 300～1 800 MPa 的热成型板材，而且采用加强型闭环结构，在前风窗、A 柱、B 柱、C 柱、顶盖、后轮罩、后背门洞口形成四个闭环结构 B：其能改善车身抗扭性能，结构更强，安全性更高

21. 高级自适应巡航系统
	F：红旗 HS7 在智能驾驶方面引领时代，搭载了高级巡航功能 A：在 0～180 km/h 的速度区间内，HS7 能够通过雷达扫描前方车辆，并根据设定的跟车距离跟随前车进行巡航，同时具备跟随前车刹停、起步的功能。最主要的是，这套高级巡航系统还能够让驾驶员的双手短时间离开转向盘，让车辆跟随前车轻微并线或转向，非常强大，是真正 L2 级的智能驾驶辅助系统 B：高级巡航功能能够有效减轻驾驶员在跟车时的压力，既便捷，又安全

22. 主动制动
	F：红旗 HS7 配置了主动制动功能 A：在车辆 8～80 km/h 的速度区间内，通过雷达与摄像头监测前方道路状况，在即将发生碰撞，而驾驶员没有做出任何反应的情况下，车辆能够实现自主制动，甚至有可能完全刹停车辆来避免碰撞事故发生 B：根据工信部统计，这个功能可以帮助驾驶员减少 50%的追尾事故，有效提升安全性

23. 车道保持系统	
	F：红旗HS7车型装备车道保持辅助系统 A：其能够时时检测驾驶员状态和车辆行驶状态，在驾驶员无意识偏离车道时发出报警（LDW）或者报警+纠偏提示，堪称"小管家" B：这样能防止碰撞、违章发生，减少损失
24. 盲点信息警示系统	
	F：红旗HS7装备盲点信息警示系统 A：系统能够探测到车辆后方盲区内的运动物体，减少视野盲区 B：这样能辅助驾驶员进行变道操作，避免由视觉盲区带来的碰撞隐患，提高车辆转变车道时的行车安全性
25. 内置行车记录仪	
	F：红旗HS7原车配置了行车记录仪 A：支持1 080P@30fps和720P@30fps视频拍摄，可以记录车辆操作信息，如转速、车速、油门、刹车、转向、车灯、胎压监测、安全带、安全气囊、车门状态等，关键时刻紧急录像防覆盖，记录事故时车速、油门、刹车灯等信息，充当车辆"黑匣子"，行驶时多信息叠加 B：取证更有利，使用更贴心
26. 全自动泊车	
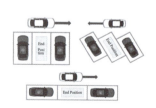	F：红旗HS7配备全自动泊车功能 A：对于许多驾驶员而言，大城市停车空间有限，将汽车驶入狭小的空间已成为一项必备技能。很少有不费一番周折就停好车的情况，有了自动泊车功能，只需轻轻按住起动按钮，其他一切即可自动完成，此配置提供垂直、水平、斜向三种停车方向供选择，提供有车位线、无车位线、有参照物和无参照物手动等多种停车方式，几乎可以涵盖您所有需求 B：为您提供无限的尊贵享受

27. 手机云控	
	F：红旗 HS7 可实现通过手机远程车辆控制功能 A：远程控制功能可实现发动机、车门锁、车窗、天窗、寻车、空调、座椅加热，还可以进行车锁、车窗、天窗、车灯、油量、胎压、故障状态的查询，冬天里足不出户完成热车，夏天提前降低车内温度，为您提供便捷贴心的服务，手机远程控制还可实现车辆进行一键体检，及时维修车辆 B：避免影响您的出行
28. 手机泊车	
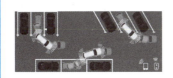	F：红旗 HS7 可实现通过手机进行智能泊车和自动出车的功能 A：为您提供更加智能的服务，使您在狭窄的车位可以顺利地进行泊车和出车，而且您还可以选定车位，通过手机实现一键泊车 B：带给您随时随地的便利
29. 电子手册	
	F：红旗 HS7 配置了 3D 电子手册 A：电子手册融合了 AR、VR、AI 语音、H5 等先进技术，而且 UI设计十分简约、科技、易用，内容呈现形式多样，可展示文字、图片、语音、动画等多维度，覆盖车机、按键、发动机、维修保养、紧急情况、语音操作、驾驶辅助功能等各方面，可以为您提供多种检索方式，而且我们的电子手册是定制化的，可根据车型配置做到一车一手册 B：带给您随时随地的电子手册支援
30. 智能家居	
	F：红旗 HS7 配置了先进的智能家居系统 A：可以实现车与家里电器的智能互联，并且可以实现不同模式的轻松切换，您可以一边开车一边控制家里的智能家居，如提前打开家里空调、预约电饭煲做饭等，还可以根据不同的时间段设置不同的家电控制模式，远程查看电器的状态，在车内语音控制智能家居等 B：让车变成您的第二个家

三、FAB 法则应用时的重点注意事项

下面结合工作中总结出来的经验，建议如下：

1. 只针对客户的重点需求、重要卖点，使用 FAB 法则

使用 FAB 法则的目的，是要在客户最关心的卖点上形成最强的冲击力，给客户留下最深刻的印象。过多地使用该方法可能会让客户摸不清重点，觉得厌烦。同时，对于常识性的技术或装备，采用该方法，客户可能会觉得你是在挑战他的生活常识或车辆使用常识。所以，再好的方法也要适可而止。

2. 设计一个客户能够感受到的场景，讲述一段真实的故事

奥迪品牌使用的 QFABQ 方法中，第一个"Q"强调的就是为客户描述一个他能够感受到的或者亲身经历的车辆使用场景。同样，丰田品牌的 FABI 中的"I"也强调描述一个场景，讲述一段故事。

这里的场景与故事一定是客户可能经历的，或者已经经历过的，而且客户觉得很重要的事情，这样才能有足够的冲击力。

比如：为东北的客户描述一个冰雪路面行驶时的特殊场景，来强调四驱技术的重要性；为驾驶技术不够娴熟的新手司机描述一个狭小空间停车的场景，来推荐自动泊车或倒车辅助功能；再比如，为家庭用车客户描绘一幅全家出行的幸福场景，来证明车内的舒适功能与实用的空间布局。

这里需要注意的是，我们为客户描绘场景，经常使用以下表达方式："作为土生土长的北方人，您一定有在冰雪路面行车的经历。"这种表达形式不适合用于被动安全装备的推荐，因为没有人希望自己亲身经历严重的交通事故，哪怕只是举例子。所以，这时既要把这个故事转嫁到别人身上，又要证明其真实性，还要通过出色的技术装备告诉客户，为他推荐的车辆可以在类似情况下保证他的安全。

比如，可以这样描述故事：我为您推荐的这款车车身结构中有 27% 使用的是超高强度的热成型钢材，抗压强度为 12~15 吨每平方厘米，这样说您可能想象不到这辆车有多坚硬，我给您看一条新闻，就发生在咱们这座城市，新闻是这样的……

当我们使用手机或者 PAD 为客户展示新闻的时候，这既是"FABE 法则"中的证据，也是我们为客户展示的真实的使用场景，讲述的是真实的故事，客户会庆幸这件事情没有发生在自己身上，也会相信我们推荐的产品卖点。

3. 客户感受到的利益需要客户亲自确认

在 FAB 法则中，强调的是产品为客户带来的利益，尤其是客户重点关注的、能够亲身感受到的利益。为了加深客户的感受，需要客户亲自确认自己的利益感受，因为科学研究表明，自己说过的要比自己听到的印象更加深刻。

同时，当客户明确表示他觉得这个装备对他真的很有用时，这既是对销售顾问的承诺，也是明确的心理暗示。

所以，当我们展示了产品特征、对比优势、客户利益，为客户描述了场景，提供了证据之后，我们会用提问的方式获取客户的确认。

比如，先生，您是不是觉得我为您推荐的这个装备对于您日后的车辆使用有非常大的帮助？

只要我们前面的工作做好了，客户会在这里给我们一个肯定的回答。

话术示例：

销售顾问：李女士，您刚才提到，您的驾照刚刚考取，驾驶技术不太熟练，每天上班会因为停车困难而苦恼是吧？

客户：是的。

销售顾问：您看中的这款车，搭载了最新版本的360°全景影像功能的智能泊车系统。360°全景影像可以帮助我们更加清晰地看清四周的障碍与危险，配合主动式碰撞防护功能，在泊车的过程中，只需要您根据屏幕提示进行换挡，通过刹车适当控制倒车速度，不需要操控转向盘。而且，车辆会自动寻找车位、检查停车距离，设计最合理的停车路线。这款车可以完成马路边的纵向停车，停车场或者车库的横向停车，我们还可以自己选择是右侧停车还是左侧停车。即便没有清晰的停车位标线，只要位置合适，车辆就能实现自动泊车。这样，不但可以让我们轻松完成停车，双手离开；南向盘，车辆自动驶入或驶出，还可以为我们赢得很多美慕的目光。李女士，听了我的介绍，您是不是觉得这样一个智能泊车系统对您很有帮助呢？

客户：听起来挺好。

销售顾问：稍后，在您试乘试驾的时候，您可以亲自操作体验一下。

在线测验

练一练：登录 http://www.zhihuishu.com/，完成在线测验题。

课后拓学

拓展任务

演一演：自拟身份，关注某品牌车型，扮演客户，到店看车，针对车辆的某些具体配置提问。

评一评：你对销售顾问的产品介绍工作满意吗？

任务 4-3 竞品对比

 课前导学

1. 登录 http://www.zhihuishu.com/，学习《竞品分析》。
2. 完成在线测验题并参与话题讨论。

课中研学

任务引入

客户王先生到店看车，小李正好在前台值班，询问了客户意向车型后，带客户到展车前请客户上车体验，并给客户介绍了车辆的卖点和科技配置，客户感觉车内空间有点小，中控屏也不方便操作，小李看出客户有点不太满意，便询问客户具体感受，询问是否关注过其他车型，并了解客户对竞品车型的印象。通过沟通，小李了解了客户的关注点后，便开始向客户介绍本品的优势，从参数配置到驾乘体验，再到售后服务，为客户进行了详细讲解，还邀请客户进行试驾。客户体验完后，对小李的服务和车辆的性能都很满意。请思考：

1. 竞品对比前，应该做好哪些准备？
2. 竞品对比时，应该注意哪些问题？

任务描述

根据任务情境分析，你认为销售顾问应该如何进行竞品对比？

探究学习

活动 1 小组辩论赛

• 客户背景：张先生，某国企部门经理，30~35 岁，一家三口于中秋期间到店看车，妻子在银行上班，女儿 4 岁，家中现有一辆一汽大众速腾，已使用 5 年，打算增购一辆车，预算 20 万元，新购车主要是张先生使用，关注红旗 HS5，也曾看过途观 L。请

你为张先生出谋划策,确定哪款车更适合张先生。

- 以小组为单位,抽签确定每组支持车型,分析车型卖点,总结话术。
- 小组 PK 辩论赛,每组选派组员参加辩论对抗,正方观点:红旗更优秀,反方观点:途观 L 更实用。

竞品对比任务单		
姓名:_____ 班级:_____ 学号:_____		
车型 / 性能	本品	竞品
安全性		
舒适性		
操控性		
动力性		
经济性		
科技配置		
环保性		
售后服务		
任务评价	学生自评	
	教师评价	

活动2　竞品分析模拟演练

● 客户背景信息同活动1，以小组为单位，设计3个竞品异议，组内学生分别扮演销售顾问与客户，进行竞品分析讲解演练。

<table>
<tr><td colspan="3" align="center">竞品对比模拟演练任务单</td></tr>
<tr><td colspan="3" align="center">姓名：_____　班级：_____　学号：_____</td></tr>
<tr><td rowspan="2">竞品异议</td><td colspan="2"></td></tr>
<tr><td colspan="2"></td></tr>
<tr><td rowspan="2">任务评价</td><td>学生自评</td><td></td></tr>
<tr><td>教师评价</td><td></td></tr>
</table>

任务评价

1. 探究学习活动1任务评价表。

<table>
<tr><td colspan="6" align="center">竞品对比任务评价表</td></tr>
<tr><td>评价指标</td><td>分值（10分）</td><td>（　）组</td><td>（　）组</td><td>（　）组</td><td>（　）组</td></tr>
<tr><td>竞品卖点选择合理</td><td>2分</td><td></td><td></td><td></td><td></td></tr>
<tr><td>分析观点有理有据</td><td>4分</td><td></td><td></td><td></td><td></td></tr>
<tr><td>语言表述规范</td><td>2分</td><td></td><td></td><td></td><td></td></tr>
<tr><td>展示礼仪规范</td><td>1分</td><td></td><td></td><td></td><td></td></tr>
<tr><td>团队合作意识</td><td>1分</td><td></td><td></td><td></td><td></td></tr>
</table>

2. 探究学习活动 2 任务评价表。

竞品对比模拟演练任务评价表					
评价指标	分值（10分）	（　）组	（　）组	（　）组	（　）组
竞品异议合理	2分				
异议解答专业	4分				
语言表述自然流畅	3分				
礼仪规范	1分				

相关知识

　　绝大多数客户在购买车辆之前，心中都会有相对明确的几个目标，在购买的过程中，也会通过竞品对比来选择一辆心仪的车型。那么，在实际工作中，销售顾问应如何与客户一起进行竞品对比呢？

一、竞品的含义与选择

　　竞品是指产品在同领域的竞争对手。在销售汽车的时候，客户考虑的因素比较复杂，因此，在竞品选择上也要有所界定，要根据不同的品牌、不同的车型确定其竞品的范畴。

竞品对比

　　在划分或者选择竞品方面，社会中有一些通用的划分竞品的标准。

1. 根据车辆的用途和车型来选择竞品

　　比如，未来车辆的用途中，对七座车型有需求，客户很可能在预算范围内选择几款七座车来进行对比，比如别克 GL8 和本田奥德赛。同样，如果客户经常驾车行驶在非铺装路面上，客户可能会将选择范围限定在越野性能比较好的几款车型里。

2. 根据品牌定位与档次来设定竞品

　　这是一种简单的区分方式。比如客户决定购买一辆高档豪华品牌汽车，他的选择范围可能已经限定在了奔驰、宝马、奥迪、雷克萨斯等品牌内，即便定位较低的品牌能够提供更出色的产品，也不在这个客户的选择范围。同样的道理，客户可能还会区分合资品牌与自主品牌，因为在很多人的心里，品牌代表了品质、性能、做工、可靠性等，当客户找不到足够的理由进行区分的时候，品牌定位与档次是一个非常好用的标准。

3. 根据价格设定竞品

　　价格可能是竞品选择的所有标准中最简单的一个。多数人选择车型时，都是在预算范围内选择品牌、车型、竞品。很多人最终做出购买的决定，也是在预算范围内选择最适合自己的车型。

客户的竞品选择往往综合考量很多因素。比如某位客户有 20 万元的购车预算，车辆的主要用途是上下班代步，很少外出，相比于 SUV 车型，客户觉得自己更需要一辆轿车，家里人口不多，常规的五座车即可，客户考虑的竞品车型包括迈腾、凯美瑞和雅阁。在这个过程中，客户参考的标准包括价格、品牌、用途与车型等，当然，客户还会考虑市场保有率和二手车保值率、口碑、故障率等很多因素，当然，这里面还包括非常重要的一点，就是客户的个人喜好，客户会因为自己的社会认知、用车经验、媒体影响等形成自己的偏好，这一偏好决定了客户只喜欢某一类车，或者某几款特定车型，所以他的竞品选择范围也被限定在了这一类或者某几款车型里。

当我们面对客户的时候，我们会发现，很多客户的竞品选择范围很模糊、很宽泛，甚至表面看起来很没有道理。比如，客户选择的车型中既包括轿车，也包括 SUV，既包括主流的中档合资品牌，也包括自主品牌和高档豪华品牌。出现这种现象的原因，很可能是客户没有仔细考虑过自己的实际需求，这时就需要销售顾问表现出自己的专业能力，帮助客户分析其实际需求，从众多产品选择中圈定真正的竞品。当然，在这个过程中，我们有自己的私心，我们帮客户圈定的选择范围中，一定包含我们自己的产品，选定的竞品尽量是能体现我们的产品更有竞争优势的竞品。

那么我们如何与客户一起，明确产品选择范围，选定竞品呢？请看下面的例子。

情景案例

王先生，之前您还看过其他车吗？（看过好多，在网上看过，也去店里看过。）

看来您想买车也好久了，您能不能给我说几个您比较关注的车型？（我之前去看过奔驰、宝马、大众，还有沃尔沃，车型有轿车，也有 SUV。）

看来您的目标并不是很明确，这样，我帮您分析一下，从您的车辆用途角度出发，看看您适合什么车，好吧？（好的。）

先生，您的购车预算大概是多少？（30 万元左右吧。）

您有这么充足的预算，现在车价优惠的也多，我觉得就没必要选择大众品牌了，完全可以在豪华品牌里选择适合自己的车辆。

您对轿车和 SUV 车型，有没有自己的偏好，或者特殊的用途？因为两种不同车型的使用场景还是有很大区别的。（车辆主要还是在市区里开，不怎么越野，但我爱人喜欢 SUV，我无所谓。）

既然嫂子喜欢，买一辆 SUV 挺好的，而且 SUV 在不同路况的实用性还要更好一些，您说是吧？

您在奔驰、宝马和沃尔沃那里都看过哪些车？（宝马 X3、奔驰 GLC 和沃尔沃的

XC60，还有宝马的 3 系和 5 系也看过。）

既然看了这么多的 SUV，我估计在您的内心里还是比较倾向 SUV 车型的，而且您看的这些车都是不错的车型，都有自己的优点，不过，了解过您的用车需求后，我觉得奥迪的产品更能满足您的需求，接下来我就帮您分析分析，好吧？（好啊。）

二、竞品对比的注意事项

当我们明确了真正的竞品之后，接下来要做的事就是竞品对比，向客户证明我们的产品可以比竞品更好地满足其需求。

在竞品对比过程中，我们给大家几个小技巧：

1. 不要刻意贬低竞品

贬低竞品，会让客户觉得我们的品牌、我们的经销商，以及我们的格局很小，没有风度，没有礼貌，不尊重别人，在客户心中形成的负面印象是很难改变的。同时，客户既然选定了这个品牌、这个车型作为备选车型，说明客户一定有喜爱它的理由，我们公然贬低竞品，其实是在否定客户的选择、否定客户的认知，将我们与客户放在了对立面上，我们应该站在客户的角度来分析问题，只需要向客户证明我们的产品能够更好地满足其需求即可。

2. 向客户证明我们的产品能够更好地满足其需求

在竞品对比环节，我们经常使用这样的话术：您看过的那款车也是非常不错的，无论是品牌还是产品性能，都跟我们的产品不相上下，一看您就是非常懂车。但作为您的销售顾问，运用专业知识和丰富的经验帮助您选择一辆最适合您的车，是我的工作职责，即便您最后没有选择我们的产品，我也希望我的分析能对您有所帮助。

接下来，就要结合客户的实际需求进行竞品对比，以证明我们的产品属性能够比竞品更好地满足客户的需求。可以通过对客户需求的重新排序，来突出我们的优势。

首先，在了解客户的需求之后，要通过复述来获得客户的确认。但在复述客户需求的先后顺序上，要能根据竞品对比的优劣势，将客户需求进行重新排序。比如，客户觉得舒适性最重要，在舒适性方面，我们并不占优势，但我们在安全方面的优势很明显，所以可以通过良好的沟通技巧来调整客户的需求认知，这个工作做好了，后面的竞品对比就变得很容易了。

情景案例

王先生，您能不能描述一下您对车辆的具体要求。

客户：首先，我希望新车的安全性要好。

是的，先生，安全很重要，其实您之前看过的车，包括我们的产品，在安全方面都已经做得非常好了，比如我们都达到了欧洲碰撞试验的五星安全标准，在选择豪华品牌的时候，您对安全可以完全放心，因为品牌就是最好的保障。咱们可以把更多的关注点放在其他方面，您说对吧？（对。）您在选择新车的时候还有哪些考虑？

客户：我也比较关注舒适，因为家里有老人。

……（画面切换，客户已经与销售顾问交流了很多）

客户：我自己开车的时候，偶尔也喜欢激烈驾驶，所以动力性也要好一些。

……（画面切换，客户已经与销售顾问交流了很多）

王先生，我大概了解了您的用车需求，我在这里重复一下，您看有没有遗漏的，好吧？

首先呢，因为咱们家里有老人，需要新车舒适性好，然后动力性也有要求，以满足您偶尔的激烈驾驶要求，最后，安全性很重要。

您看我总结得还全面吗？（对，就这些。）

3. 建立标准

对于大多数客户而言，他们对汽车并没有专业的了解，他们不熟悉所有的车型，不知道汽车行业的先进科技发展到了什么水平，也不了解车辆的很多细节。我们在为客户进行产品展示的时候，可以为客户建立一个标准，一个什么是好车的标准，客户按照这个标准去寻找，一定能找到我们的产品。

比如：我们可以告诉客户评价音响的标准是什么，评价车辆安全性的指标都有哪些，还可以告诉客户现在的流行趋势是什么，国家的政策有哪些。

这些都是我们为客户建立的标准，这些标准可以告诉客户，我们的产品比竞品更有优势，即便客户离开展厅，去考察竞品，只要这些标准还在，我们的产品就是更好的选择。

情景案例

王先生，现在的技术发展速度太快了，信息繁杂，多数消费者可能没有能力去辨别什么是好车。刚才您提到了，您很在意音响的品质，接下来，我就结合我的经验，跟您分享一下，如何评价一款车载音响的好坏。

在线测验

练一练：登录 http://www.zhihuishu.com/，完成在线测验题。

课后拓学

拓展任务

走一走：选择两个同级别品牌经销店，调研一款车型之间的区别，听一听销售顾问是如何介绍的。

做一做：制作一份竞品对比报告（PPT）。

讲一讲：分享调研过程，汇报竞品差异。

任务 4-4　客户异议处理

课前导学

1. 登录 http://www.zhihuishu.com/，学习《客户异议处理》。
2. 完成在线测验题并参与话题讨论。

课中研学

任务引入

客户王先生在看车时，向销售顾问询问某品牌车上有 10 个安全气囊，便询问为什么只有 7 个安全气囊，是不是安全性不够高，不如别的车好。销售顾问通过客户的问题探寻到客户是在意车辆的安全性，于是向客户说明了评价车辆安全性的标准，讲解了主动安全与被动安全的作用，客户听后非常满意。请思考：

1. 当客户提出异议时，销售顾问应如何应对？
2. 解答客户异议的策略有哪些？

任务描述

根据任务情境分析，客户可能提出哪些类型的异议问题？销售顾问是否需要提前准备异议处理话术？

🌀 探究学习

活动 1　客户异议分析

● 客户背景：张先生，某国企部门经理，30~35岁，一家三口于中秋期间到店看车，妻子在银行上班，女儿4岁，家中现有一辆一汽大众速腾，已使用5年，打算增购一辆车，预算20万元，新购车主要是张先生使用，关注红旗 HS5，到店看车时向销售顾问咨询 HS5 的发动机技术、产品制造程序、服务保障等问题。

● 以小组为单位讨论：客户提出的异议属于哪种类型？如何应对客户的问题？

客户异议分析任务单		
姓名：_____　　班级：_____　　学号：_____		
异议点	异议类型分析	应对话术
发动机技术问题		
产品制造程序		
服务保障		
任务评价	学生自评	
	教师评价	

活动 2　客户异议应对模拟演练

● 客户背景同活动1，以小组为单位，分别扮演销售顾问与客户，针对客户异议问题进行回应。

- 每组选出 1 位同学录制演练视频，演练完成后进行复盘分析。

客户异议应对模拟演练任务单		
姓名：_____　班级：_____　学号：_____		
异议应对	存在的问题	异议应对话术改善
发动机技术问题		
产品制造程序		
服务保障		
任务评价	学生自评	
	教师评价	

任务评价

1. 探究学习活动 1 任务评价表。

客户异议应对分析任务评价表					
评价指标	分值（10分）	（　）组	（　）组	（　）组	（　）组
分析思路清晰	2 分				
分析表述有理有据	4 分				
关注客户体验	3 分				
用语规范	1 分				

2. 探究学习活动2任务评价表。

客户异议应对模拟演练任务评价表				
评价指标	分值（10分）	（ ）组	（ ）组	（ ）组	（ ）组
语言表达逻辑清晰	2分				
团队合作意识强	4分				
问题发现及改善	3分				
视频效果	1分				

相关知识

在汽车销售的过程中，任何一个环节，客户都可能对我们的产品、服务、信息观点以及提议等产生不同的看法、反对意见，甚至是怀疑和抱怨，这些统称为客户异议。

面对客户异议，没有经验的销售顾问会紧张甚至不知所措。但是，这是一位购买欲望强烈，真正关心产品、服务、价格的潜在客户，客户异议越多、越细节，说明这位客户购买的可能性越高。不要奢望走进展厅的客户没有任何异议就直接签署订单，我们要随时做好准备，积极应对来自客户的各种异议。

一、客户异议的含义与分类

客户异议是指在销售过程中，客户对销售人员的不赞同、提出质疑或拒绝。在实际工作中，客户表现出来的异议多种多样，大致可以归纳为以下几种：

1. 价格异议

这是最常见的一种异议。价格异议甚至会贯穿整个销售流程，比如客户在第一次电话沟通中就开始询问价格优惠，走进展厅先问价格，价格异议会持续到成交、交车环节。

2. 产品异议

客户针对产品的质量、性能、做工、材质、设计、样式等产生的异议。产品异议的产生可能基于竞品对比、过往的车辆使用经验，也很可能是基于网络媒体的某些说法，或者朋友的介绍。

3. 货源异议

比如有的客户会认为国产汽车的品质没有进口车的品质好，新工厂的做工没有老工厂的做工好。也有人会对产品的交货时间存在异议，毕竟多数客户都希望尽快拿到自己的爱车。

116

4. 拖延式异议

有些客户会有拖延并迟缓决定的表现，比如，客户在前期环节表现得很配合，对产品也表现出了基本满意的态度，并听取了详细的报价，当销售顾问问到"您如果觉得产品和价格都没问题的话，今天可以交定金吗？"，客户会用"再考虑考虑"等类似回答来敷衍。

客户没有马上做出决定，应该有自己的原因，比如价格，比如想再了解一下竞品。

5. 无需求异议

客户对我们推荐的车辆或某一功能卖点不感兴趣或者不需要，比如"我不需要全景影像功能""我不需要这么大的车"。当然，之所以产生这种异议，很可能是因为我们"需求分析"的工作没有做好，或者，我们可以尝试为客户"创造需求"。

6. 隐含式异议

客户没有或者不能用准确的语言表达出来的异议，比如，可能对于多数男性客户而言，他们最不愿意表达的异议就是买不起或者没有决策权。

二、客户异议处理的方法

只有很好地处理了各种客户异议，才能实现最终成交。接下来探讨如何处理客户异议。

客户异议处理

多数情况下，我们按照以下流程来处理客户异议。

第一步：缓冲。

客户产生异议，说明客户已经对我们的产品、服务、观点等产生了不同意见，甚至是抱怨，比如客户的车辆经过多次维修，仍未能修好，客户表达异议的方式可能比较激烈，情绪激动，这时首先要做的工作就是缓冲客户的情绪，以使接下来的工作能在相对稳定的情绪、公正的心态下进行。

比如，可以邀请客户到相对安静私密的洽谈室入座，奉上饮品，表达歉意和理解的心情，然后进一步解决问题，这样效果会更好。

第二步：探寻。

探寻客户产生异议的真实原因，比如"我能不能冒昧地问一下，您是从哪里听到的这个消息的？"，找到真正的原因才能有针对性地解决方案。

第三步：解答。

针对前面探寻到的原因或者客户的真实想法进行解答。解答的工作，既要有理有据，又要照顾到客户的认知和面子，不要让客户很难堪。

最后，与客户达成共识。我们会在最后问一个确认性问题，比如：通过刚才我的解释，您是不是打消了之前的顾虑？

在实际工作中，有两种常用的异议处理的方法，分别是：

方法一：ARA策略。

Acknowledge：承认客户关切（而非观点）的正当性。

Reframe：用自己的语言把客户的观点重新组织，生成一个问题。

Agree：就这个问题展开交流，达成共识。

话术示例：

客户：我看配置单上面，咱们这款车的安全气囊好像没有人家多啊，是不是不如人家安全啊？

销售顾问：先生，您能关注到这么细节的地方，说明您一定是一位细心的人，而且，我觉得，安全对于车辆是最重要的，在这一点上，我特别同意您关注的方向，不管是家用车还是商用车，安全一定是第一位的。

您提到了安全，提到了安全气囊，我想说一下我的观点。安全气囊属于被动安全装备，而现在多数车企，将更多的关注放在了主动安全方面，也就是我们不希望车辆发生事故之后来保障安全，我们更希望能够通过更完善的主动安全技术来保证车辆不出事故，您说对吧？

客户：对。

销售顾问：接下来，我就跟您交流一下，这辆车上面有哪些非常实用的主动安全装备。

方法二：3F策略。

感受（Feel）+感觉（Felt）+发现（Found）。

话术示例：

客户：刚才我试驾了一下，觉得这辆车悬架太硬了，不舒服。

销售顾问：先生，我特别能理解您的感受，我刚来这工作的时候，第一次开这款车，我也是这样的感觉，我就想，这么贵的车，怎么舒适性还不如很多便宜的车呢？

后来在这儿工作时间长了，我对车辆有了更多的了解，我发现，其实不是这款车不舒适，而是它的定位与其他家用车不同。您看这辆车的动力性能比很多车都要好，这样的性能车需要硬一点的悬架来实现更好的抓地力和支撑性，这样的驾乘感受也可以刺激驾驶员更好地体验驾驶的乐趣。

在以上两种异议处理的方法中，都首先缓冲了客户的情绪，承认客户关切的正当性，站在客户的角度考虑问题，理解客户的感受，这样会使我们的工作事半功倍。

最后，关于客户异议处理，给大家几点建议：

首先，要对客户的异议表现出足够的关心与重视，尊重与理解客户的任何观点与诉求，比如，拿出笔记本详细记录客户的诉求。

其次，每天面对多种多样、千奇百怪的客户异议，要保持一份平常心，积极应对，哪怕客户有过激的表现，也要有足够的耐心和克制。

最后，处理客户异议时，切忌立即回答，这样会让客户觉得自己很无知，自己的关注点早就被设计好了；也不要直接回答，学会委婉，给客户更多的尊重，当然，更不能直接反驳。

在线测验

练一练：登录 http://www.zhihuishu.com/，完成在线测验题。

课后拓学

拓展任务

演一演：自拟身份，走访经销店，向销售顾问提出产品异议，记录他的应对话术。

评一评：你认为他的应对策略符合标准吗？

六位绕车参考话术

（以下话术内容来源于全国职业院校技能大赛（高职组）汽车营销赛项，受比赛时间限制，话术简要展示了六个方位的主要卖点、QFABQ 方法的应用以及客户异议处理等，供大家参考使用。）

现在在二位面前的就是全新迈腾了，全新迈腾以豪华科技、卓越性能获得了很多品牌荣誉的权威奖项。和上一代技术相比，其更加先进，性能配置更高。全新一代迈腾运用大众新的家族化语言设计，大气沉稳的气质还在，却多了一些时尚的味道。

● 正前方

二位您看，全新迈腾精准而硬朗的前脸线条、灵动的雾灯带来全新视角，扁平化的前脸散发出大气、沉稳的尊贵气息，进气格栅与前大灯融为一体，彰显尊贵风范，让车身看起来更宽、更稳健。全新一代迈腾配备 LED 前大灯，造型前卫大气，光带设计新颖独特，而且搭载了动态车灯辅助系统，可以说这个系统是非常聪明，非常智能的，它可以根据车速的大小，自动开启或关闭远光灯；还可以根据道路灯光的明暗，结合行驶车速、转向角度等信息，自动调节照明角度

和照明里程。当前方有车辆同向行驶时，系统会自动调整照射范围；当前方有车辆对向行驶时，系统会有针对性地遮挡远光灯照射的部分区域，确保您始终拥有清晰的视野，保证您的驾驶安全。

- 侧面

二位这边请，您看，咱们全新迈腾侧面设计非常流畅典雅，层次分明的腰线，饱满流畅的车顶曲线，全新造型的五幅合金轮毂，都看起来大气稳重，非常适合教师这个职业。

作为家庭用车，安全一定是最重要的，您说对吧？全新迈腾采用最新的MQB平台，相比老款的PQ46平台，在保留高品质激光焊接和超高强度钢板的同时，它的车身强度更高，同时车重也轻了接近170多斤，也为降低油耗、减轻排放贡献了巨大力量。

为您推荐的这款迈腾配备了第二代DCC动态底盘控制系统。

客户提问：我在网上看到了这个系统，它是怎么控制底盘的？

赵先生，看来您真的非常喜欢我们的全新迈腾。这个系统通过控制减震阻尼的软硬，将驾驶模式分为舒适、标准、运动、经济和个性化五种模式，您可以根据驾驶习惯及当前路况，通过触摸屏上的驾驶模式菜单进行自主选择，像您二位和家人一起出去自驾游的时候，可以选择运动模式，它使减震器阻尼增加，增强了车身路感，过弯时，车身侧倾减少，有效提高车身的稳定性，这样您就可以更加放心地享受高速驾驶的激情。在您日常上下班的时候，您可以选择标准模式或经济模式，既可轻松应对日常路况，又可提升整车的燃油经济性。您看不错吧？

- 后方

二位这面请，全新迈腾拥有超大的后备箱容积，除了保持老款迈腾的后备箱感应式开启功能外，还首次搭载了电动尾门系统，像北方最近总在下雪，车尾难免会溅上泥土，有了电动尾门，就不需要您弄脏双手来关闭行李箱了，像这样（演示）按行李箱中的按键，就可关闭行李箱。或者长按遥控钥匙也可以，（操作）只需轻轻动一下手指，操作轻松便捷的同时，更彰显您的尊贵气质。

赵先生，赵太太驾驶技术现在可能还不太娴熟，我们全新一代迈腾还配备后方交通预警功能，当您倒车出库的时候，车尾两端装载的雷达传感器可以帮您消除驾驶盲区，保障您安全出库。

客户提问：这不就是倒车雷达吗？

赵先生，是这样的，后方交通预警功能除了能够实现传统倒车雷达的功能外，它重点是在监控后方移动的车辆，它把监控范围扩大到20 m，大概是传统倒车雷达监测范围的 4 倍左右，而且当发现后方有移动物体接近时，系统不但会发出警告，紧急情况下还会主动刹车干预，这是传统倒车雷达无法实现的。您说是吧？

- 后排

赵先生、赵太太，听我说了这么多，您二位一定也累了，咱们到车内体验一下迈腾的舒适性吧！

赵先生，咱们这边请，赵太太您右侧就坐好吗？您小心碰头。

赵先生、赵太太，我们全新一代迈腾的轴距长达 2.871 m，比上一代迈腾长了 59 mm，后排空间更大，也更加舒适。您看，全新一代迈腾配备超大的全景天窗，由两块深色隔热玻璃板构成，不仅让车内空间显得更为宽敞，还可保证充足的阳光和良好的通风，同时还配备智能三区自动空调，让不同位置的家人都能够享受到适合自己的怡人温度。当车外空气质量较差时，系统自动切换到车内空气循环模式，为您的座驾营造出大自然般的清新气息。这样一个舒适空间的营造，一定会给您的家人带来一段愉快难忘的旅程。

- 前排

赵太太，您在后排继续享受一下宽敞的乘坐空间，我带赵先生到前排体验下迈腾的高科技配置。您看可以吗？

赵先生您小心碰头（开前门），您这边坐，小心碰头。

赵先生，我们全新迈腾的电动座椅共有 12 种角度可调节，您可根据自身需求来调节座椅。赵先生，方便我坐在您的右侧为您详细讲解一下吗？

赵先生、赵太太，全新迈腾的设计风格仍然倾向于简约的商务风格，贯穿式空调出风口和桃木饰板进一步增加了豪华质感。非常符合您沉稳的气质。

全新一代迈腾采用 12.3 in 数字液晶组合仪表，简洁的界面有效放大空间的视觉延伸感。和传统指针仪表相比，除了可以个性化地布置模拟指针外，还可以根据您的需求显示驾驶、导航和辅助等相关信息。如果您觉得数字液晶组合仪表还不够方便，全新迈腾搭载的智能抬头显示系统还可以将车速、导航指示、辅助系统以及各类警告信息投射在您的前方视野范围内，您还可以根据个人需求来调节屏幕的显示高度，确保不必转移视线即可获得各项车辆行驶信息，从而避免分散您的注意力，保证您的驾驶安全。

您经常和家人出去自驾游，我们全新迈腾搭载的自适应巡航系统就非常适合您，它可以减轻您的驾驶疲劳。当该系统激活时，车辆可以自动跟随前方车辆的行驶情况，自动加速减速，解放了您的双脚，为您提供一个轻松的驾驶过程。

全新一代迈腾在同级车中首次搭载了预碰撞保护系统。

客户提问：你刚说的这个系统是做什么的？

赵先生，全新迈腾在车内后视镜前端安装了雷达传感器，就是这里（指示），当它探测到前方可能发生危险时，系统会自动收紧安全带，将您和前排乘员限制在座椅上，关闭车窗和天窗，只留一条缝隙，保证车内通风，同时进行声光报警，并紧急制动，尽最大可能避免对您及您的家人造成伤害。就像为您增添了一个驾驶助手，您说对吧？

总的来说呢，全新迈腾配备的各类辅助系统一定可以提高您的出行安全。

- 发动机

赵先生，都说发动机是汽车的"心脏"，起着非常重要的作用，我带二位去看一下全新迈腾的发动机舱。赵先生，请帮我开一下发动机舱，您小心碰头，我为赵太太开车门。

赵先生、赵太太，您看，全新一代迈腾搭载的是第三代 EA888 发动机，为您推荐的这款 2.0T 的发动机匹配 7 速湿式双离合变速器，最大功率达到 162 kW，最大扭矩 350 nm，百千米加速时间仅为 7.1 s，百千米油耗为 6.7 L，相比于上一代迈腾油耗降低了 20%，功率提升 10%，扭矩提升了 25%，跟您之前看过的天籁公爵相比，百千米油耗少了 1 L，百千米加速时间减少了 3 s，迈腾动力表现更好，油耗更低。我觉得可能迈腾更适合您一家人的使用。

全新一代迈腾全系标配第二代发动机起停系统，等红灯时，只需轻踩制动踏板，发动机就会自动熄火，当我们要重新起步时，只需轻踩油门踏板，无须换挡，发动机就会重新启动，车辆就可以继续行驶了，这样既提升了车辆的燃油经济性，又避免了频繁换挡带来的麻烦。

二位您看，这就是我们的全新迈腾，您还满意吗？

二位这样，站了这么久也累了，咱们到洽谈区，再给您添点饮品，休息一下，顺道看您二位还有哪些需求。

 案例导入

试乘试驾要注重"体验式营销"

侯智君，2017 年入职浙江某奥迪 4S 店，实习期间连续打破店内销售纪录，蝉联店内销冠，因其优秀表现，2019 年被提升为店面销售经理。在他的工作经历中，试乘试驾体验是促进客户订车的重要因素之一，但也是经销店最容易忽视的环节。有的店不提供试驾车，有的店不愿意让车主试驾，即使乐于开展试驾的店面，由于销售顾问驾驶水平不理想，只好配备了专职试驾专员，试驾直接交给试驾专员。

侯智君认为用户购买的不仅仅是代步工具，在未来的若干年内，这款车是客户生活的重要部分。他认为 4S 店提供的不仅仅是产品，更是伙伴，试乘试驾就是与"伙伴"交流，试驾员就是客户交流的翻译官。只有了解客户，才能进行更好的翻译。作为一名销售顾问，他加入品牌车友会，经常参与试驾活动，了解产品的性能，提升驾驶水平，亲身为客户提供试驾服务，尽职尽责地做好这个"翻译官"，在参加各种试驾活动中，他还认识了不少车友，这些车友也帮他介绍了不少客户，不但提升了他的业绩，更认识了更多朋友。

他认为，试乘试驾也要讲究"体验式营销"，就是通过看、听、用、参与等多种手段，全方位驱动用户情感的共鸣，通过试驾来交朋友，业绩会随之而来。那么怎样能全方位驱动用户的情感共鸣呢？他的技巧是不断地让用户参与和确认，增强用户的心理暗示。比如，开车门的时候，引导客户说"这辆车安全性很好，没有空荡荡的感觉"；在介绍动力时，多跟客户确认"是不是感觉推背感很强？"；介绍车内按钮时，要让用户亲自操作，一项一项地进行提示。他还细心地根据用户的习惯，准备了不同类型的音乐，打开音箱就是用户爱听的曲子，

有时还开着店内的试驾车上门服务，让用户好像真的拥有了自己的车。

通过这种办法，他不断从细节上提升用户的"体验感"，靠试驾与用户交朋友，多年来，他的朋友越来越多，业绩也越来越好，最终成为同行中最年轻的销售经理。

阅读案例，思考以下两个问题：

1. 试乘试驾为什么要讲究"体验式营销"？

2. 试乘试驾中怎样才能让客户跟自己"情感共鸣"？

素养目标：

1. 通过案例分析、视频示范，培养学生爱岗敬业的精神和良好的沟通能力；

2. 通过情景模拟演练，培养学生树立新时代价值观；

3. 通过多种教学手段的应用，培养学生以客户为中心的服务意识和专业、诚信的职业素养，践行诚信、友善、敬业的价值准则。

知识目标：

1. 掌握试乘试驾的流程；

2. 掌握邀约客户试驾的策略；

3. 掌握试乘试驾准备、试乘与试驾体验、试乘试驾意见反馈的执行标准。

能力目标：

1. 能够按照岗位标准完成试乘试驾邀约、试乘试驾准备，并试乘试驾体验工作；

2. 能够在试乘试驾过程中引导客户"体验"、解答客户问题。

3. 能够完成客户试乘试驾意见收集及反馈工作。

任务 5-1   试乘试驾准备工作

 课前导学

1. 登录 http://www.zhihuishu.com/，学习《试乘试驾准备》。
2. 完成在线测验题并参与话题讨论。

 课中研学

任务引入

客户张先生在网上看车，对车辆配置很感兴趣，填写了试乘试驾申请，并留下联系电话，销售顾问小李致电客户邀请客户到店试乘试驾体验，客户如约而至，体验后对车辆性能比较满意，但是对价格及优惠不太认可，小李经过多次跟进与沟通，终于成交。请思考：

1. 如何邀约客户参与试乘试驾？
2. 试乘试驾前，需要确认客户哪些信息？办理哪些手续？

任务描述

根据任务情境分析：
1. 试乘试驾路线应该如何设计？
2. 试乘试驾手续应该如何办理？
3. 试乘试驾流程如何开展？

探究学习

活动 1   试乘试驾前准备工作

• 客户张先生关注红旗 HS5 的动力性和操控感，想通过试乘试驾体验车辆的驾驶感受，销售顾问张宇需要为客户办理试乘试驾的手续，请你观看视频，总结在试乘试驾前应做好哪些准备工作。

• 以小组为单位组织讨论，每组派一名代表进行汇报。

试乘试驾前准备任务单				
姓名：_____ 班级：_____ 学号：_____				
任务名称	试乘试驾准备工作		建议用时	10分钟
任务目标	1. 正确填写试乘试驾协议书 2. 熟练掌握试乘试驾准备工作的内容 3. 熟练应用专业话术与客户达成有效沟通			
任务描述	客户张先生有意试驾红旗HS5，请完成试乘试驾前准备工作			
任务工具	1. 试乘试驾协议书 2. 试乘试驾路线图 3. 实训车辆 4. 手持云台 5. 录像设备			
任务实施过程记录				
试乘试驾准备	1. 填写 2. 复印 3. 体验点 4. 讲解说明			
任务评价	学生自评			
	教师评价			

活动 2　情景模拟演练

• 客户背景：张先生，30~35岁，关注车辆操控性和动力性，对安全性和舒适性也有需求。

• 情景演练：学生模拟销售顾问邀请客户参与试乘试驾体验，并办理相关手续。

试乘试驾准备模拟演练任务单

姓名：_____　　班级：_____　　学号：_____

客户背景：张先生到店看车后，对红旗 HS5 很感兴趣，想进一步体验车辆性能

任务描述：请你扮演某红旗 4S 店销售顾问，邀约客户进行试乘试驾体验

试乘试驾路线图：

路线一：全程 10 km，时间 20 min

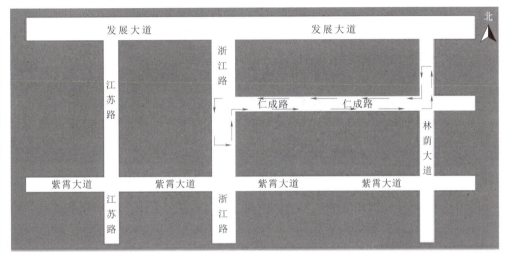

路线二：全程 10 km，时间 20 min

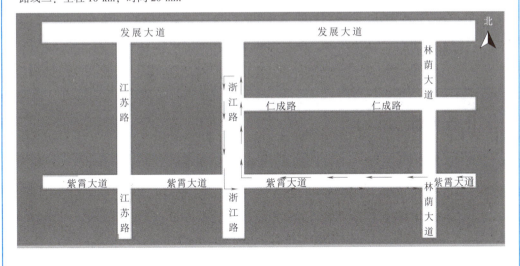

续表

试乘试驾准备模拟演练任务单

试乘试驾协议书

经销店名称	
试乘试驾车辆型号	
试乘试驾车辆牌照号	
试乘试驾路线	
试驾时间	

本人于___年___月___日___时___分在_____（地点）自愿参加_____（汽车经销店名称）举行的汽车试乘试驾活动，为此作如下陈述与声明。

本人在试乘试驾过程中，将严格遵守国家及地方有关车驾驶的一切法律和法规要求，并服从上述经销店提出的一切指示，做到安全、文明驾驶，以尽最大努力和善意保护试乘试驾车辆的安全与完好，否则，对试乘试驾过程中造成的对自身和/或他人的人身伤亡，上述经销店和/或他人的财产的一切损失，本人将承担全部责任。

试乘试驾人签字：   联系电话：

驾照号码：   联系地址：

驾驶证有效期：   日   期：   年   月   日

任务评价	学生自评	
	教师评价	

任务评价

试乘试驾准备模拟演练任务评价表

评价指标	分值（10分）	（　）组	（　）组	（　）组	（　）组
语言表述流畅自然	2分				
有效激发客户兴趣	4分				
关注客户体验	3分				
礼仪规范	1分				

相关知识

试乘试驾是车辆性能与装备的动态展示过程。在网络高度发达的今天，关于车辆的性能参数、装备配置、外观内饰等需要静态展示的卖点，似乎都可以在网络或手机上完成。同时，在车辆配置同质化严重的今天，已经很难找到区别于竞争对手的绝对配置优势，试乘试驾显得越来越重要。

就像买衣服要试穿一样，买车要试驾，理所当然。

在试乘试驾环节，我们的行动目标是：让客户充分体验车辆的动态性能，结合客户的关注点进行重点演示与动态体验，并通过产品的卓越性能和细节服务来强化购车信心。

客户在这个阶段的期望包括：首先，可以提供车辆进行试乘试驾，车辆有保险和牌照；其次，车辆整洁；工作人员保持基本的商务礼仪并进行专业的产品讲解。在人性化关怀方面，工作人员可以关注自己的感受；舒适的车内温度，最好提供试驾的接送服务。

试乘试驾业务流程图如图 5-1 所示。

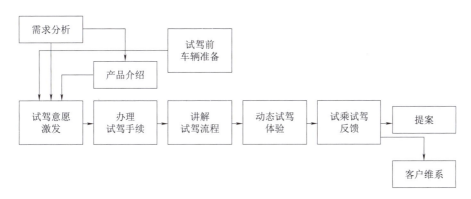

图 5-1　试乘试驾业务流程图

一、试乘试驾的工作职责

试乘试驾工作最初由销售顾问完成，销售顾问始终与客户保持沟通，更加了解客户的实际需求和想要体验的项目。但近些年，随着销售顾问年轻化，试乘试驾技巧参差不齐，同时各大城市车行量激增，道路情况越发复杂，加之工作任务繁重，导致销售顾问很多时候不能很好地完成试乘试驾工作。在这种情况下，很多品牌增加了"试驾专员"岗位，来为客户提供更加专业的服务。

在销售工作中，由于客户第一时间是由销售顾问接待的，客户需求也是销售顾问探寻，因此，在试乘试驾体验时，为了更好地为客户提供服务，让客户体验到符合其实际需要的配置，销售顾问与试驾专员间需要通过"试乘试驾重点体验卡"来传递客户体验项目。

为了更加清晰地划分销售顾问与试驾专员的岗位职责，经销店一般会按照表5-1所列标准规范二者的岗位职责。

表5-1　试乘试驾过程中的工作职责

销售顾问岗位职责	试驾专员岗位职责
1. 主动邀请客户进行试乘试驾 2. 确认客户试乘试驾资质 3. 试乘试驾协议讲解及客户签署 4. 了解客户试驾重点体验要求，记录在试驾重点体验卡上	1. 准备试驾车辆 2. 引领客户完成试驾流程 3. 根据试驾重点体验卡介绍客户对于车辆的疑问，体验重点项目

试乘试驾的工作重点：

（1）强调客户参与，引导客户体验，确认产品价值。

试乘试驾是整个销售流程中客户参与程度最高的一环，在这个过程中，客户究竟能体验到哪些？获得什么样的感受？很大程度上取决于我们如何引导客户。多数情况下，客户不会主动思考、总结产品价值。引导客户体验是确认产品价值、把握流程进展的重要手段。比如，先生，您感受一下转向盘的握感，是不是很有质感？

（2）处理客户异议。

客户会通过网络媒体或亲朋好友等渠道获得很多关于产品的信息，其中不乏负面消息，从而形成客户异议。客户自己的实际感受是最好的证明，其效果远远大于销售人员苦口婆心的解释。所以，提前收集客户异议，在试驾过程中加以引导并重点体验，可以有效处理客户异议。

（3）总结并推进销售流程。

经过产品介绍和试乘试驾，已经通过静待和动态展示两方面向客户证明了我们推荐的产品可以满足其需求。试乘试驾是成交前客户情绪最兴奋的时刻，利用客户的积极情绪推进流程，成功率更高。

虽然试乘试驾很重要，但与产品介绍一样，都不再是标准流程。我们要满足不同客户的不同需求。

二、试乘试驾准备工作

为了给客户提供完美的试乘试驾体验，需要做很多的准备工作。

1. 文件准备

主动邀约客户试乘试驾，客户同意后，需要查验客户的驾驶证并复

试乘试驾准备

印留档。为了保证驾驶安全，多数情况下，需要客户的实际驾龄满两年方可试驾。如果客户不满足试驾条件，可以建议客户只试乘，不试驾，将自己想要体验的项目告诉销售顾问或试驾专员，由销售顾问或试驾专员驾驶，自己专心体验。也可以等客户准备好驾驶证件后来店试驾。

查验客户驾驶证件没有问题后，需要与客户签署《试乘试驾协议》并对协议进行耐心讲解。协议签署后，做好归档与保管工作。

话术示例：

先生，刚才结合您的用车需求，为您简单介绍了一下这款车，俗话说，百闻不如一试，不知道您现在时间是否方便，如果方便，我为您安排一下试乘试驾，您亲身感受一下这款车。

先生这边请，我为您办理一下试乘试驾手续。

先生，请出示您的驾驶证（查验），您已经有5年的驾龄了，驾驶技术一定不错。

先生，这里是《试乘试驾协议书》，您仔细看一下，如果没有问题，麻烦您在这里签字，我去复印驾驶证，办理试驾手续。

先生，试乘试驾手续办理好了，试驾专员正在为您准备车辆，我在这里为您介绍一下试驾路线。

2. 车辆准备

为了提高试乘试驾工作的效率与服务的专业性，为客户提供更加完美的试乘试驾体验，现在多数品牌经销商内部设置了试驾专员岗位，来辅助销售顾问共同完成试乘试驾工作。

客户明确想要试乘试驾的车型后，销售顾问店内办理文件手续的同时，试驾专员即可开始进行车辆准备。

车辆准备的一般要求如下：

➢ 填写试乘试驾预约/管理登记表，领取车辆钥匙。

➢ 确保试驾车油箱至少保持半箱油，停靠在展厅入口前，且车头方向方便驶出。

➢ 提前3~5 min起动试乘试驾车并开启空调，确保客户到达车辆时车内温度在15~26 ℃。

➢ 试驾车的车况良好，无故障。

➢ 确认车辆无污渍灰尘、无划痕损伤、无零部件缺失。

➢ 车辆内饰及座椅无污渍、无破损；车内无异味、无杂物。

➢ 确认车辆导航存有主要目的地，如经销商、试驾目的地等。

➢ 确认车内物品，如矿泉水、纸巾、不同风格的CD等。

车辆准备就绪后，再通知销售顾问，带领客户走出展厅，开始试乘试驾活动。

3. 试乘试驾路线准备

不同的路况条件适合体验不同的车辆性能，所以，在开展试乘试驾前，汽车经销商都会结合产品的特点设计几条适合的试乘试驾路线。

在试驾路线设计的过程中，会考虑如下因素：

➢ 试乘试驾持续时间不少于 20 分钟。

➢ 路线能够综合体验到舒适性、动力性、安全性、操控性等常见项目。

➢ 直线路段要求单车道宽 3 m，长度不少于 3 km；单向两条车道以上柏油或者平整水泥路面；车辆和行人较少，封闭隔离的公路最好。

➢ 弯道路段：转弯角度大于等于 90°。

➢ 坡路路段：有一定坡度（30°左右）的可停车的上坡路面。

➢ 停车调头路段：可掉头的十字路口或较空旷的停车场。

多数经销商会选择城市开放道路设计试乘试驾路线，销售顾问需要结合客户的体验需求，建议客户从多条路线中选择一条并给出理由说明。

一般情况下，在不同的路况下可以体验的项目大致见表 5-2。

表 5-2　试乘试驾在不同路况下的体验项目

试乘试驾路况	体验项目
直线路面	动态噪声
	变速器起步加速
	变速器中间挡加速
	变速器制动后再加速
	制动性能
	加速与制动时悬架前后倾角
	直线保持能力
	发动机加速相应性能
	定速巡航
	电子限速
颠簸路面	空气悬架模式切换
	悬架减震效果
弯道	悬架侧倾角度
	转向响应性能
	轮胎性能
	转向精确性能

续表

试乘试驾路况	体验项目
原地调头	最小转弯半径
	转向盘操纵力
坡路	坡路起步辅助系统
停车场	驻车辅助系统

如果试乘试驾活动由试驾专员带领客户完成，销售顾问需要提前将客户想要体验的项目详细告知试驾专员，或经由《试乘试驾重点体验卡》来传递。

话术示例：

先生，您刚才提到过，很在意车辆的动力性和操控表现，您偶尔会激烈驾驶，对吧？

好的，先生，我们为您准备了两条试驾路线，根据您的需求，我建议您选择第一条路线。这条路线全长 12 km，大概花费 20 min。因为这条路线中有较长的直线路段，您可以充分感受车辆的动力表现。这里还有两个环岛，您可以体验到车辆过弯时的操控表现，而且，喜欢激烈驾驶的车主，对制动和安全一定也会有要求，在这条路线上，您也可以体验加速后的紧急制动以及车辆提供的各种主动安全装备，您看可以吧？

如果您对路线没有异议的话，我会将您想体验的具体项目详细转告给试驾专员，由试驾专员带您完成试乘试驾体验。试驾专员对车辆的行驶特性有更好的理解，他们的驾驶技术和驾驶经验更丰富，可以让您有更好的驾乘体验。

完美的准备工作可以向客户展示经销商的专业能力与服务水平，可以迅速构建良好的第一印象，为接下来的试乘试驾环节带来更加美好的客户体验。

 在线测验

练一练：登录 http://www.zhihuishu.com/，完成在线测验题。

 课后拓学

拓展任务

演一演：参与一次试乘体验活动。

评一评：你对试乘体验时销售顾问的讲解满意吗？

任务 5-2　试乘试驾

课前导学

1. 登录 http://www.zhihuishu.com/，学习《试乘试驾》。
2. 完成在线测验题并参与话题讨论。

课中研学

任务引入

客户张先生到店参与试乘试驾体验活动，销售顾问小李首先询问了客户的意向车型，并了解客户想要体验的重点性能，办完相关手续后，与试驾专员一起陪同客户进行试乘试驾，并询问客户试驾感受。客户对车辆性能很满意，对小李和试驾专员的服务也给予高度评价。请思考：

1. 如何在试乘试驾时向客户讲解车辆性能？
2. 试乘试驾时，应注意哪些事项？

任务描述

张宇是某汽车销售服务公司的销售顾问，一天张宇接待了一位来店看车的客户，客户要求试驾车辆，请你陪同客户完成试乘试驾体验。

探究学习

活动 1　试乘试驾体验点话术总结

- 张先生，30~35 岁，关注车辆操控性和动力性，对安全性和舒适性也有需求。
- 以小组为单位进行讨论，总结试乘试驾动态展示话术。

试乘试驾模拟演练任务单		
姓名：_____ 班级：_____ 学号：_____		
展示点		动态展示话术
试乘	起步怠速	
	直线行驶与加速	
	转弯	
	颠簸路面	
	制动与驻车	
试驾		
任务评价	学生自评	
	教师评价	

活动 2　情景模拟演练

- 客户背景：张先生，30~35 岁，关注车辆操控性和动力性，对安全性和舒适性也有需求。
- 以小组为单位进行情景模拟演练，组内同学一人扮演试驾专员、一人扮演客户，模拟演练试乘试驾动态讲解。
- 录制视频，复盘分析。

试乘试驾模拟演练任务单		
姓名：_____　班级：_____　学号：_____		
项目	存在的问题	话术改善
试乘		
试驾		
任务评价	学生自评	
	教师评价	

🌀 任务评价

试乘试驾模拟演练任务评价表					
评价指标	分值（10分）	（　）组	（　）组	（　）组	（　）组
语言表述自然通畅	2分				
有效激发客户兴趣	4分				
关注客户体验	3分				
用语符合礼仪规范	1分				

相关知识

试乘试驾过程中，客户先试乘，后试驾。有的客户出于对新车的好奇，想自己试驾。我们不建议改变试乘试驾的流程。因为，第一，客户第一次试驾陌生的车型时，难免会因为不熟悉车辆的操作和行驶特点而产生紧张，进而存在安全隐患，我们可以利用客户试乘的阶段，演示车辆的基本操作，消除紧张情绪。第二，客户第一次试驾不熟悉的车型时，很难把注意力集中在讲解上，所以可以利用客户试乘的时间多讲解一些，这时客户没有在驾驶，可以更好地接受讲解的内容。

一、试乘阶段

试乘

车辆启动前，为客户进行简单的车上讲解，包括：

（1）上车前，介绍相关车型资料，比如车型、排量、基本配置等；

（2）为客户打开右侧车门，并用手保护客户头部，以免撞到门框；

（3）客户上车以后，采用蹲姿为其调整座椅及讲解；

（4）为客户演示正确驾姿，以及后视镜与转向盘的调节；

（5）为客户演示空调和座椅加热或通风等功能；

（6）给仪表板通电后，讲解仪表板各项数据；

（7）讲解转向盘功能按键；

（8）讲解大灯、转向灯、雨刮器、定速巡航等开关；

（9）讲解喇叭位置、换挡手柄、手刹系统等。

做好准备后，即可提醒客户系好安全带，准备出发，记得在出发之前与客户确认重点体验的项目。

话术示例：

销售顾问：王先生，试驾手续办理完了，试驾车辆也准备好了，咱们这边请。

销售顾问：王先生，这位是店里的试驾专员小李，接下来的试驾由他带您完成。

试驾专员：王先生您好，我是店里的试驾专员，您叫我小李就行，很高兴为您服务（握手）。

销售顾问：小李，王先生这次想重点体验××车型的动力、操控性和舒适性，具体项目我都写在卡片上了，请你陪同王先生好好体验，谢谢。

试驾专员：王先生，跟您再次确认一下，我们本次试驾的车型是××，排量是××。按照我们的试乘试驾流程，您先试乘，我来驾驶，到了安全换乘点，再换您来试驾。

试驾专员：王先生这边请，（打开副驾驶车门）请上车，小心碰头（护头）。（蹲姿）王先生，现在座椅的位置您觉得还舒服吗？本车座椅可以12向电动调节，如果需要，您可以试着自己调节一下，非常方便。

（试驾专员车前绕向驾驶员位置）

试驾专员：

王先生，良好的位置和坐姿可以让我们的驾驶更方便、更安全。在启动车辆之前，我先来示范一下正确的坐姿和后视镜、转向盘的调节。

我们首先要调整座椅的前后和高度，高度要保证头部离棚顶至少一拳的距离，前后距离方面，要做到双腿舒适，腿部踩踏踏板弯曲约110°，有继续踩踏的空间；臀部坐满整个座椅，后背靠在座椅上；头枕上沿和头顶平齐。双手握于转向盘9点与3点位置；手肘微曲，前臂伸直自然搭在转向盘上，这时转向盘的上沿正好在手腕处。转向时应交叉互换满打转向盘，不可单手操作或小幅度多次转向！（示范）

这里是转向盘调节。

座椅位置调好之后，您可以在这里调节后视镜，使我们可以通过后视镜观看到侧方尽可能广的位置。

先生，车里温度您觉得怎么样？这里是空调、座椅加热、座椅通风等功能的按键，您如果觉得温度不合适，可以试着调节一下。

在多功能转向盘上，您可以选择驾驶模式、接打电话、声音控制等功能。

这里是灯光、转向、雨刷和巡航系统的控制区域。

这里是换挡手柄、电子手刹、一键启动。

先生，如果没有其他问题，咱们就准备出发了，请您系好安全带。（起动车辆）

车辆出发后，销售顾问或试驾专员要针对客户的重点需求，结合路况特点，带领客户进行相应的功能或性能体验。

客户在试乘体验过程中，亲身获得的各种良好的驾乘体验，需要通过客户的亲自确认来加以强化。常用的引导客户进行车辆性能体验，介绍车型卖点的方法：引导客户说"是"的五部曲。

第一部：现象描述。为客户描述一种常见的车辆使用场景，或者客户在前面提到过的用车需求。比如：

您刚才提到过，经常开车跑高速，希望新车提速能快一些，这样方便在高速上超越大车，对吧？

第二部：提示。对路况和接下来的操作进行提示，引导客户重点感受。比如：

前面是一段很宽阔的平直路段，没有行人，车也很少，我们可以模拟高速公路来测试一下车辆的加速性能，您仔细感受一下整体动力表现。接下来，我会把车速降低到20 km/h，然后先踩2/3油门，等车速提起来之后，将油门用力踩到底，激活强制降挡功能，在高速上超车非常方便，请您注意感受。

第三部：操作。在恰当的路况做好安全准备与前期的话术铺垫后，就可以按照前面的提示进行操作了。在操作的过程中尽量不要说话，既保证安全，又可以使客户专心感受。

第四部：征求感受。操作结束后，在安全的前提下，征求客户的驾乘感受。比如：

怎么样？先生，刚才车辆的加速过程，是不是感受到了很强烈的推背感？

这里通过话术引导让客户说"是"，这是一个客户自我确认、强化体验的过程。

第五部：扩展意见。可以通过客户已经确认的正向的驾乘体验，继续扩展产品性能与卖点。比如：

我们今天试驾的这款车搭载了 2.0T 高功率发动机，最大功率达到了 165 kW，最大扭矩 350 N·m，百千米加速时间只需要 7.9 s，所以刚才您才感受到了很好的推背感。这款发动机不但动力表现好，而且非常省油，百千米综合油耗只有 8.6 L，而且刚才加速的过程中，您是不是感觉车内很安静？这款发动机的噪声处理也很好。

我们从车辆的加速表现，扩展到燃油经济性、车辆静音表现，还可以继续扩展到换挡平顺性、制动过程的表现。通过扩展意见，为客户建立了全方位的驾驶感受。

这就是引导客户说"是"的五部曲，这里面包含了客户的重点需求和使用场景，展现我们专业素养的提示与操作过程，还有很重要的客户自我确认、强化体验的引导过程。最后，将客户的良好的、积极正向的体验扩展到更多产品性能与卖点。

话术示例：

先生，您之前提到过，会经常开着车回农村老家，走土路，希望车的舒适性能好一些是吧？

我们前面的试驾路线刚好有一段颠簸路面，非常类似于您说的路况，我们可以在这段路上感受一下悬架和座椅的舒适性。

先生，前面就是颠簸路面了，您可以用现在的速度正常通过，不用减速，感受一下。

怎么样，先生，刚才通过颠簸路面的时候，是不是感觉还不错，没有特别不舒服的颠簸感？

而且，刚才我们的驾驶模式是自动模式，如果改为舒适模式，您的感觉会更好。这款车的悬架不但可以很好地过滤颠簸，在底盘、悬架设计的时候，也充分考虑了噪声过滤，所以，我们刚才通过颠簸路面的时候，不但乘坐舒适性很好，噪声控制得也很好，您说是不是？

我们知道了如何向客户展示车辆的性能与卖点之后，需要针对客户想要体验的性能选择合适的路线路况，利用合理的讲解话术逐一为客户展示。

试乘试驾在不同驾驶方式的体验项目见表 5-3。

表 5-3　试乘试驾在不同驾驶方式的体验项目

试乘试驾常规体验项目	
起动与怠速	介绍音响、空调等需要起动后才可以使用的功能，体验怠速静音
起步时	体验发动机的加速性能、变速器的换挡平顺性
直线巡航	体验室内隔音、音响及悬挂系统的平稳性
减速时	体验刹车时的平稳性和控制性
高速巡航	体验风噪、胎噪、起伏路面的舒适性、转向盘控制力
上坡时	发动机扭矩输出、轮胎抓地力
转弯时	转向稳定性、前座椅的包裹性、转弯半径等

在试乘阶段，有如下注意事项：

（1）出于安全的考虑，需要激烈驾驶的体验项目尽量由试驾专员完成，比如急加速、紧急制动、高速过弯等。激烈驾驶前，要提醒客户注意。

（2）有些项目，比如被动安全，需要碰撞才会激发的装备或功能，像安全气囊的弹出，不可以进行试乘试驾体验，很多碰撞保护功能也不建议体验。

（3）需要为客户重点讲解的内容，要在试乘阶段多讲解，因为客户试驾的时候，不建议多说话，以免会让客户分心而带来安全隐患。

（4）留一些体验项目给客户，比如自动泊车、车道偏离辅助系统、侧向辅助功能，甚至安全情况下的加速测试，这样可以更好地满足客户的好奇心与操控欲望，提升试乘试驾的整体满意度。

（5）最后，安全一定是整个试乘试驾过程中最重要的事情，请遵守交通法规、文明驾驶、礼让行人，确保安全。

二、试驾阶段

经过前面的试乘和讲解，客户已经消除了陌生感，了解了车辆的基本操作和行驶特性，这时可以换客户来试驾。

试驾

从客户试乘到客户试驾，中间需要一个过程，在这个环节中，需要完成的工作包括：

（1）在预定的安全换乘地点停车熄火，并开启双闪灯。

（2）拉手刹，取下钥匙，从车头绕到副驾驶，引领客户下车并进入主驾驶位后，试驾专员入座副驾驶座。

在这个过程中，要始终保持车辆钥匙在试驾专员手中，这是出于安全的考虑，同时，客户从起动车辆开始试驾，是一个完整的驾驶体验。

另外，试驾专员要从车头绕到副驾驶位置，这样可以始终关注客户。对客户的关注代表的是一种尊重，提升客户的感性化体验。

引领客户下车及入座的过程，一定要注意基本的商务礼仪。

（3）入座副驾驶后，向客户递交钥匙，引导客户调整座椅、倒车镜、转向盘位置并简要介绍功能操作。这些工作是保障行驶安全的不可缺少的步骤。

（4）提醒客户安全事项，确认客户系好安全带，确保车内人员系好安全带后，引导客户启动、挂挡、打左转向灯、出发。

客户试驾过程中，为了确保安全，我们的主要工作如下：

（1）客户开车时话不宜过多，避免分散客户的注意力。

（2）适时指示客户试驾路线，使客户的驾驶行为有适当的提前准备。

（3）适时提醒客户注意交通安全，比如，经过学校路段、人口密集的路口、急转弯等。

（4）适时引导客户体验产品亮点，比如，"先生，前方是颠簸路面，您可以用现在的速度正常通过，来感受一下车辆悬架系统的减震效果。"

（5）及时回答有关驾驶的问题，避免带来行驶风险。

（6）若客户有危险动作，及时并礼貌提醒客户安全驾驶。

在客户完成开放道路的试驾后，要指引客户回到展厅。在经销商的停车场，可以由试驾专员来完成停车的任务，也可以让客户体验一下泊车辅助或自动泊车功能。

在客户试驾这一环节，需要注意如下事项：

（1）试驾开始阶段也是对客户驾驶技能的摸底过程，如果发现客户的驾驶技术并不能保证车上人员和车辆的安全，应果断停止试驾，改由试驾专员驾驶，客户做试乘。

（2）在试乘试驾过程中，所有的事情都要安全第一，特别是在途中与客户交换驾驶位置的时候，一定要熄火拔出钥匙，销售顾问在坐到副驾驶位置时再将钥匙交给客户，由客户自己点火起动。在指挥客户停车或移动时，永远不要站在车的前方或后方行驶范围中，而应该站在车侧并与车辆保持半米以上距离，同时要求客户将车窗摇下，在整个驾驶过程中确保全车人员正确使用安全带。

（3）如果试驾专员要确认客户的驾驶感受，应围绕客户关注的性能和装备，尽量提出封闭式问题。比如，"先生，您是不是觉得转向盘操作起来很轻松，很容易控制？"

（4）试驾专员赞美客户的驾驶水平和技巧，最好能够切合车辆的性能及装备。比如，"先生，您的驾驶技术真的很好，您在上一个弯道过弯的车身姿态，充分证明了这款车良好的悬架支撑性，如果当时有录像，都可以拿来当视频教材了。"这样，既起到了赞美寒暄的作用，又突出了产品卖点，一举多得。

🌀 在线测验

练一练：登录 http://www.zhihuishu.com/，完成在线测验题。

课后拓学

拓展任务

试一试：针对一款车型，策划一次试乘试驾体验活动。

讲一讲：你设计的试乘试驾活动重点要展现车辆哪些性能？如何向客户展示和讲解？

任务 5-3　试乘试驾反馈

课前导学

1. 登录 http://www.zhihuishu.com/，学习《试乘试驾意见反馈》。
2. 完成在线测验题并参与话题讨论。

课中研学

任务引入

客户张先生结束试乘试驾后，销售顾问小李邀请客户返回经销店休息，并询问客户试驾感受，请客户在试乘试驾意见反馈表中留下宝贵意见，看到客户对各项都非常满意，便询问客户是否有订车打算。请思考：

1. 如果客户试驾后打算即刻离开，不想返回店中，你该如何应对？
2. 如果客户提出问题，销售顾问应如何应对？

任务描述

张宇是某汽车销售服务公司的销售顾问，一天张宇接待了一位来店看车的客户，客户要求试驾车辆。试驾后，客户提出车内静音效果不好，动力不足，如果你是张宇，你该如何应对？

 探究学习

活动1　试乘试驾意见反馈

● 客户背景：张先生，30~35岁，关注车辆操控性和动力性，对安全性和舒适性也有需求。试乘试驾红旗 HS5 后，表示对车辆动力表现比较满意，但是对车辆品质及油耗方面存在疑虑。

● 以小组为单位讨论，试乘试驾后如何询问客户反馈意见，并回应解答。

试乘试驾意见反馈任务单			
姓名：_____　　班级：_____　　学号：_____			
试乘试驾意见反馈表			
试乘试驾车型：			年　　月　　日
1. 请您就以下项目对试乘试驾车型给出您的意见			
起动、怠速	A. 很好	B. 好	C. 一般　　　　D. 差
起步	A. 很好	B. 好	C. 一般　　　　D. 差
加速性能	A. 很好	B. 好	C. 一般　　　　D. 差
转弯性能	A. 很好	B. 好	C. 一般　　　　D. 差
制动性能	A. 很好	B. 好	C. 一般　　　　D. 差
行驶操控性	A. 很好	B. 好	C. 一般　　　　D. 差
乘坐舒适性	A. 很好	B. 好	C. 一般　　　　D. 差
驾驶视野	A. 很好	B. 好	C. 一般　　　　D. 差
静音性	A. 很好	B. 好	C. 一般　　　　D. 差
音响	A. 很好	B. 好	C. 一般　　　　D. 差
空调	A. 很好	B. 好	C. 一般　　　　D. 差
操控按键便利性	A. 很好	B. 好	C. 一般　　　　D. 差
内部空间	A. 很好	B. 好	C. 一般　　　　D. 差
内饰工艺	A. 很好	B. 好	C. 一般　　　　D. 差
上下车便利性	A. 很好	B. 好	C. 一般　　　　D. 差
外形尺寸	A. 很好	B. 好	C. 一般　　　　D. 差
内部造型	A. 很好	B. 好	C. 一般　　　　D. 差
2. 您对陪同驾驶人员的满意度			
A. 很满意　　　　B. 满意　　　　C. 一般　　　　D. 不满意			

续表

试乘试驾意见反馈任务单

3. 您对 4S 店的试乘试驾服务的满意度

A. 很满意　　　　　B. 满意　　　　　C. 一般　　　　　D. 不满意

4. 您是否愿意把我们的车推荐给您的亲朋好友

A. 愿意　　　　　B. 不愿意

5. 您的其他宝贵意见和建议：

姓名：　　　　　　　　　　　电话：

活动 2　情景模拟演练

- 客户背景：客户张先生，30~35 岁，国企部门主管，试乘试驾红旗 HS5。
- 情景模拟：一人扮演试驾专员，一人扮演销售顾问，一人扮演客户，模拟演练试乘试驾意见反馈，并解答客户问题。

试乘试驾意见反馈任务单
姓名：＿＿＿＿＿　　班级：＿＿＿＿＿　　学号：＿＿＿＿＿
询问客户试乘试驾意见的话术：

任务评价

试乘试驾意见反馈任务评价表

评价指标	分值（10分）	（　）组	（　）组	（　）组	（　）组
语言表达自然流畅	2分				
探寻客户体验反馈	4分				
主动回应客户问题	3分				
表单填写规范	1分				

相关知识

结束开放道路试驾后，试驾专员引导客户回到展厅门口，试驾专员需要提醒客户带好随身物品，感谢客户的试乘试驾并与客户告别，将客户移交给销售顾问后，试驾专员将试驾车停放到指定区域，进行车辆整备、钥匙归还等工作。

一、试乘试驾反馈阶段

销售顾问引导客户回到展厅后，询问客户试乘试驾感受并与客户一同总结试乘试驾体验，邀请客户填写试乘试驾反馈表。

反馈

在陪同客户填写反馈表时，可以利用试驾反馈表中客户给予的积极反馈，肯定并加强客户刚刚试驾中的体验和感觉。比如，客户对车辆的动力表现给予了肯定，销售顾问要能够通过更加详细的讲解来强化客户的体验。

如果客户在试乘试驾反馈表中给出了较低的分数或负面的评价，说明客户对车辆的某些性能或表现并不满意，这时就要重新考虑并确认客户的需求，为客户推荐另一款合适的车型，重新开始需求分析、产品介绍以及试乘试驾等流程。

试乘试驾的反馈环节可以帮助获得客户的真实感受，发现工作中存在的不足，便于日后改进。同时，最重要的目的是利用车主新鲜的对产品积极、正向的体验促进成交。如果未能成交，也要做好后续的预案，比如探求原因、再次商谈的约定等。

在试乘试驾的反馈环节，建议如下：

（1）销售顾问等在展厅门口迎接客户试驾归来。在试驾专员与销售顾问共同为客户打开车门的瞬间，既显示了对客户的尊重，又完成了客户的交接，也避免了客户在这一细小环节的流失。

（2）既要利用客户反馈的机会强化客户的正向体验，也要做好准备，随时处理客户在试乘试驾过程中产生的异议。这时的客户异议更真实，对客户影响更大。

（3）准备一份试乘试驾小礼物。可以借此提高试乘试驾率，吸引客户参与试乘试驾环节，提高客户对试乘试驾环节的满意度，避免客户在试乘试驾环节结束后不回展厅和不填试乘试驾反馈表。最重要的一个目的，是我们给了客户一份小小的礼物，从心理上而言，客户也会不自觉地要求自己用一样东西来跟我们交换，以求得心理平衡。这个东西是什么呢？可能就是我们最想得到的订单。

二、试乘试驾注意事项与执行建议

在试乘试驾过程中，需要注意以下几点：

（1）安全问题。

试乘试驾过程中，最需要注意的莫过于安全问题了。所有与安全有

试乘试驾阶段
的常见问题

关的问题解决起来其实也很简单，违法违规和不符合要求的情形应该坚决杜绝。如果答应了这样的试驾要求，表面上看起来是为客户提供服务，满足客户需求，实际上是对客户不负责任。

特别是一些看起来模棱两可的要求，比如没带驾照；中途换人，但未事先签署试驾协议等。如果当时为了面子同意了客户的要求，一旦出现问题，会给客户、公司和自己都带来未知的风险，这种情况一定要当即礼貌回绝。所有的试乘试驾要求和手续一定要严格执行，既是保护客户，更是保护自己。

销售顾问如果发现客户的驾驶技术并不能保证车上人员和车辆的安全，应果断停止试驾，改由销售顾问驾驶，客户做试乘。

（2）试驾前讲解车辆的功能操作和驾驶方法，销售顾问或试驾专员驾驶时讲解相关性能。

试驾前，利用帮助客户调整座椅和转向盘的机会让客户熟悉车辆的操作，既可以让客户感受到销售顾问的服务，又可以避免客户因为不好意思提问而忽略一些重要的操作注意事项。

销售顾问应坐在驾驶位置将车开出至交换地点再由客户驾驶。途中一方面可以主动让客户感受一下车辆的优点，另一方面可以让客户熟悉车辆的行驶特点，消除紧张感。客户第一次驾驶不熟悉的车型时，通常不会将注意力集中于讲解上，所以需要讲解的内容最好提前多讲一些，这时客户没有在驾驶，可以更好地接受讲解的内容。

在进行试乘试驾时，最好参照以下建议，以便给客户提供更优质的试乘试驾体验，促进成交。

（1）熟悉品牌全系车型和竞品车型的行驶特点。

作为专业的销售顾问，不仅要熟悉自己品牌车辆的行驶特点，还要熟悉其他品牌车辆的行驶特点。现在各个品牌4S店都提供全系车型的试乘试驾服务，销售顾问在业余时间应该多去体验竞品车型的行驶特点，这样在和客户谈论试乘试驾感受的时候才能够做到有的放矢，让客户体验到销售顾问的专业性。

（2）准备几张CD和下载好音乐的U盘。

开过车的人都知道，CD的音质比收音机好得多，特别是带有高级音响的车型，如果不使用高品质的音源，将无法表现音响系统的品质。如果客户有相关需求，可以进行适当的音乐展示。

（3）引导感受。

试乘试驾中很多客户喜欢与其他品牌车进行对比，而客户往往用"感觉上""我觉得"之类的话来质疑我们的产品。通常这种"感觉"是一些没办法用明确的数字来说明的问题，就好像，"我觉得这车噪声大"这样的话，要真正说明问题是需要用分贝测试仪的。我们在实际工作中并不需要这样的工具，只需要知道，客户其实也并不确认他说的问题一定存在，只是"觉得"，对于这种问题，千万不要直接否定客户，最好的办法是沿着客户的思路介绍一些产品的相关卖点，让客户自己体会产品优势，客户会"说服"自己的感觉的。

（4）避免对立。

每个品牌都有自己引以为豪的产品优势和卖点，一定不要把自己陷入和客户的驾驶体验正面交锋的局面。销售顾问只需要想想客户的真正需求，我们有很多符合客户实际需求的产品优势和卖点，让客户体验到本品牌的产品优势对于他而言更实用、更有价值就可以了。

 在线测验

练一练：登录 http://www.zhihuishu.com/，完成在线测验题。

 **课后拓学**

试乘试驾
阶段的建议

拓展任务

试一试：向企业导师征集一个试乘试驾案例（最终成交或战败均可）。

谈一谈：分析案例的成功或失败之处。

项目六
商谈跟进与成交

 案例导入

提案需要"双赢"

刘禹麟，2020 年 6 月入职一汽奥迪品牌汽车经销店，因实习期间表现优秀，一个月后转为正式销售顾问。在 2020 年年末冲量任务中，多次超额完成资方对经销商下达的业绩指标，被评为金牌销售专家。2021 年，参加鑫华玉集团销售技能大赛，荣获第二名；多次接受厂家邀请，参加厂家集训与座谈会，被评为优秀学员；2021 年 10 月，通过一汽奥迪厂家精英销售顾问认证，并且在关系建立与人际沟通方面分数名列前茅；2021 年 12 月升任内训师，做店内指导与厂家标准培训工作。

作为品牌认可的金牌销售专家，他经历了数不清的价格谈判，但与许多销售顾问最头疼"谈价格"不同，他从不抗拒谈价格。他认为报价洽谈是一种博弈，但他不会把客户放在对立面，因为这不是一种零和博弈，应该是一种合作共赢，既能够使经销店赚得合理利润，又要满足客户的经济和心理需求。提案不是准备好刀枪剑戟准备战斗，它应该是一种双赢。

他曾接待过一位客户严女士，五十岁左右，想要给她二十岁的儿子选购一辆奥迪 Q3。严女士第一次来店是通过汽车之家留下的网络线索，经销店电话回访后邀约到店。严女士关注了很长时间奥迪 Q3，也对比了很多竞品，对车辆信息和竞品信息都比较了解。第一次进店看车并试乘试驾后，就选定了奥迪 Q3 的 2021 款 35TFSI 的进取动感型这款配置，白色车身黑色内饰，车辆指导价为 27.43 万元。客户提出想听听报价，他首先向客户推荐了店内全险，根据客户需求，推荐客户第三者责任险金额 200 万元。由于客户的儿子刚拿下驾照，驾驶技术比较青涩，因此推荐客户全损换新险 3 280 元，总计全险价格为 11 000 元左

右。然后他给客户推荐了支付方案。客户有贷款意向，他给客户提供了三种贷款方案：第一种，标准贷，客户首付最低可以支付20%，36~60期，等额本息。第二种，50-50贷，首付必须固定支付车价的50%，贷款期限固定24期，前23期每期固定还贷款总额的平均利息，大约每个月600多元，第24期一次性还清剩余本金，即车价的50%。第三种，奥迪易选贷，低首付（大约7万元左右），低月供（400~500元），分12期偿还，无利息，前11期等额低月供，第12期一次性还清剩余尾款。假如第12期还款有困难，可以申请剩余尾款延期，延期固定36期，利息3厘左右。由于客户从事养殖业，月均收入不稳定，但年底收入相对较高，因此推荐客户低首付低月供的奥迪易选贷，客户欣然接受。确定了以上信息后，他为客户编制报价单，向客户逐一明确报价构成，车价（首付约7万元、年限12期、无利息、月供约500元）、购置税（2万元左右）、保险（1.1万元左右）、上牌费（200元）。经过一番价格洽谈后，车价谈到了22.8万元，客户对他的服务表示很满意，但是对价格还是有些犹豫，表示回家和家人商议一下，送别离店。再次到店的时候，客户表示还想要一些价格优惠，看到客户购买意向比较强，经过洽谈，价格优惠至22.7万元。客户依然犹豫，由于和他聊得比较投缘，客户此时说出，由于所在城市只有这一家奥迪经销店，因此客户咨询了其他城市的奥迪经销店，发现长春某经销商提供的报价更低，只要22.3万元，想着长春也没有多远，实在不行就去长春买，把车开回来。针对客户提出的这项异议，他耐心解释，第一，虽然奥迪是全国联保，但是如果涉及车辆"三包"的问题，是需要返回车辆归属地进行售后的，异地售后费时费力；第二，异地购车无法落本地牌照，如果发生行驶证或者车牌丢失，只能到车辆户籍所在地补办，而缺失牌照的车辆不允许上路，强行上路会面临记9分等处罚，因此必须及时赶赴车辆户籍所在地进行补办；第三，异地车辆年检手续也比较麻烦，像客户提到的长春某经销店，跨省年检可能更复杂，因此不建议客户异地购车。客户听完恍然大悟，表示因为之前并不了解异地购车的详细信息，把异地购车想得太简单了。他又进一步推动洽谈节奏，表示咱们经销店的服务多、质量高，一定会让客户满意，而异地的车价虽然低了一点，但是日后很多服务都享受不到，长远来看并不划算。至此，客户表示，其实对车辆、对他的服务以及对经销店都挺满意，但是一想到那高出的几千元，心里还是有些不舒服。他捕捉到客户已经展现出强烈的成交意向，只是心理需求还没有完全被满足，于是他表示，车价虽然不能再低了，但是为了让客户心里舒坦，他特别向领导申请精品赠送，最后赠送客户奥迪原厂太阳膜和大包围脚垫。客户

当即表示同意，当下就交付了定金。

阅读案例，思考以下两个问题：

1. 你怎么看待提案应该是一种"双赢"？

2. 分析一下，金牌销售专家在提案时是关注了哪些细节才促使本单成交的？

学习目标

素养目标：

1. 通过案例分析、视频示范，培养学生爱岗敬业的精神和良好的沟通能力；

2. 通过强化文化自信，培养学生树立新时代价值观；

3. 通过多种教学手段的应用，培养学生以客户为中心的服务意识和专业、诚信的职业素养，践行诚信、友善、敬业的价值准则。

知识目标：

1. 掌握汽车销售价格构成及报价方法；

2. 掌握汽车销售商谈策略及应对办法。

能力目标：

1. 能够独立填写订车单，并向客户说明填写内容；

2. 能够按照岗位执行标准熟练完成价格商谈与客户跟进工作。

任务 6-1 报价技巧

 课前导学

1. 登录 http://www.zhihuishu.com/，学习《汽车销售价格构成》。

2. 完成在线测验题并参与话题讨论。

课中研学

 任务引入

张先生到店看车，销售顾问小李向客户推荐的车型让客户很感兴趣，客户想了解车辆的价格及相关购车费用，并让小李写一份报价单拿回去考虑，扫码观看视频并思考：

1. 汽车销售价格构成包括哪些具体内容？
2. 报价单上包含哪些内容？如何填写？

 任务描述

客户张先生到店看车，车型看好后，请销售顾问写一份报价单拿回去和家人商量，销售顾问小李将车辆的价格、税费、保险、贷款、精品礼包等内容详细地写下来，并交给客户，礼貌地送客户离店。三天后，再次致电客户询问客户意向，邀请客户再次到店。

 探究学习

活动1 汽车销售价格分析

• 从下面的综合报价单中分析，客户在购买车辆时，涉及哪些费用？在向客户报价时，应如何列明汽车销售价格？

• 以小组为单位进行讨论，分析汽车销售价格构成及计算方法。

汽车销售价格构成任务单					
姓名：_____ 班级：_____ 学号：_____					
综合报价单					
尊敬的客户：					
感谢您在_____选购车辆，××是世界上最成功的汽车品牌之一，您选购的产品将带给您运动、领先、尊贵的驾乘体验，我们将秉承全球统一的服务品质为您提供热情、标准、专业、一流的服务					
您所选购的车型			颜色		
*【您选购的车型具体配置和详细参数请查阅厂家的车型手册】					
具体费用说明					
市场指导价		实际成交价		分期首付	
车型购置税		保险		验车上牌费	

151

续表

汽车销售价格构成任务单					
精品装饰		分期手续费		保证金	
合计					
二手车评估师		评估车型		预估价格	

注：本报价单所报价格仅为指导价，实际成交价以双方所签订合同为准，车辆购置税与车辆保险实际金额请以发票为准，多退少补

客户姓名		联系电话	
销售顾问		销售电话	
选购日期		客户签字	

信息来源：□朋友推荐　□报纸广告　□网络广告　□电台广告　□市场活动　□其他

预购日期	

_____有限公司

地址：_____

电话：_____　传真：_____

公司网址：_____

活动2　车辆报价模拟演练，并填写报价单

- 客户背景：张先生，35岁，私企部门主管，打算贷款购车，考虑12期或24期还款，店内投保交强险和商业险。
- 贷款购车政策1：12期0首付，低月供（只交利息），年终付尾款。
- 贷款购车政策2：24期30%首付，等额本息。
- 两人一组，一人扮演销售顾问，一人扮演客户，进行模拟演练，报价单需写明两种贷款，以供客户选择。

车辆报价模拟演练任务单
姓名：_____ 班级：_____ 学号：_____
购车价格计算：

任务评价

车辆报价模拟演练任务评价表					
评价指标	分值（10分）	（　）组	（　）组	（　）组	（　）组
语言表达逻辑清晰	2分				
报价项目完整	4分				
费用讲解清晰易懂	3分				
礼仪规范	1分				

相关知识

一、报价提案业务流程

"提案"一词超越了传统"报价"的含义范畴，我们要提供给客户一份完整的成交方案，在这份方案里，新车价格是核心，围绕这个核心，我们要制定衍生产品的价格，诸如分期付款、车辆保险、精品加装、二手车置换等。

制订销售方案

这个阶段最终的目标就是达成交易，具体目标体现在：以满足客户需求的整车为核心，附加客户认可的衍生产品与服务，提供一份综合的购车报价方案；让客户自主选择个性化的购车方案，签署严谨合法、符合自身利益的购车协议。

与客户进行价格协商，其本质是为了达到双赢，客户用合适的价钱购买到满意的汽车，我们用合适的价格销售最好的汽车，其实就是双方相互争夺利益，又相互妥协的过程，使客户感受到公平透明，物超所值。

做好报价协商环节是成交的基础，可以解除客户疑问，同时还能建立购买信心。我们通过书面方式来与客户确定购买方案，进一步在客户心中建立专业形象。强调客户利益与我方提供价值的高度吻合性，考虑客户的实际需求和所关心的问题，妥善处理客户疑虑。

提案成交业务流程图如图 6-1 所示。

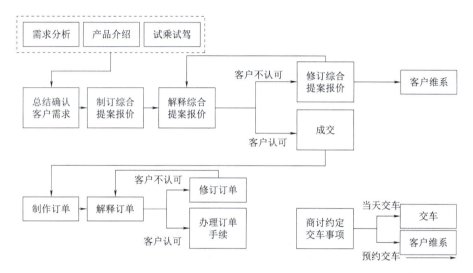

图 6-1　提案成交业务流程图

1. 总结确认客户需求

➤ 与客户一起总结并确认所有需求点，包括新车、置换、金融、保险、延保、精品附件等，保证提案的准确性与全面性；

➤ 如客户存在置换需求，但前期未进行二手车评估，可再次主动提出置换优势，客户如同意，尽快引荐二手车评估师，协助完成评估；

➤ 主动建议客户贷款购车，提供相应的金融方案，如遇到疑难问题，及时寻求金融部门支持；

➤ 主动推荐其他业务，如新车保险、延保、个性化装备、上牌及其他服务；

➤ 如客户表现出疑虑，则引导客户说出疑虑，并予以针对性解释。

2. 制订综合提案报价

➤ 根据客户确认的需求点计算并填写综合提案单；

➤ 如客户在几种方案之间犹豫，可同时制订多份提案单供客户选择，例如全款与按揭各制订一份。

3. 解释综合提案报价

➤ 打印报价单，逐项说明并解释提案组成，以及相应的价值利益；

➤ 报价单中包含厂家零售价、优惠条件（忠诚客户、转介绍、活动及大客户等）、置换价格（如有置换）、金融服务（首付、月供、利息、还贷时间等）、保险服务（新保、延保等）、精品附件等；

　➤ 耐心解答客户对于报价单各项内容的疑问；

　➤ 说明这个报价的有效期，包括说明该报价仅限于某一具体车型；

　➤ 如客户明确表明不想当天订车，不要对客户施加压力。

4. 修订综合提案报价

　➤ 如客户提出异议，则根据客户具体的问题点予以详细解释；

　➤ 根据与客户商讨的结果，重新制订一份修订的提案单，并重点解释修订部分的内容；

　➤ 说明这个报价的有效期，包括说明该报价仅限于某一具体车型；

　➤ 如客户明确表明不想当天订车，不对客户施加压力。

5. 制作订单

　➤ 客户接受报价后，快速、准确地填写并提供订单；

　➤ 根据客户选择的衍生产品和服务，填写制作其他相关文件。

6. 解释订单

　➤ 按订单内容逐项说明并解释文件的主要内容与注意事项；

　➤ 解释手续文件的每项要素（合同、贷款、保险等）；

　➤ 对客户的疑惑与异议表示理解，并耐心解答。

7. 修订订单

　➤ 如客户提出明确异议，则根据客户具体的问题点予以详细解释或协商；

　➤ 根据与客户商讨的结果，优化制订一份修订的订单，并重点解释修订部分的内容。

8. 办理订单手续

　➤ 确认客户对订单内容无异议后，请客户亲自签署订单；

　➤ 请客户签署确认衍生产品和服务等相关文件；

　➤ 引领客户前往收银处支付相关款项。

9. 商讨约定交车事宜

　➤ 与客户沟通交车事宜，再次告知目前车辆生产或库存状态；

　➤ 在公司提供的时间范围内，给予客户交车时间的选择权，最终商定交车日期；

　➤ 告知客户等待期间会及时沟通车辆到店的进展情况。

二、汽车销售价格构成

对经销店而言，汽车的销售价格主要由以下几部分组成：成本+车厂利润+经销商利润。其中，成本既包括汽车的制造成本，也包括销售成本、物流运输成本、经销店经营管理成本。

汽车在4S店进行销售时，消费者通常接触的是标价和成交价。标价是汽车对外标明的价格，一般是厂家的市场指导价，所有的4S店都是统一的。厂家出台市场指导价是为了避免经销商之间互相压价、恶意竞争和窜货。随着车市的进一步发展，汽车市场由卖方市场向买方市场过渡，汽车厂家们的市场指导价开始被市场实际情况冲击，由此产生了汽车的实际成交价。

在购买汽车时需要的费用一般包括车价、车辆购置税、车辆上牌费、车辆保险费、车辆装饰费用、车船使用税等。以上所说是指一次性付款购车的价格构成，如果是分期付款，需另外支付手续费，以及保险公司的保险保证金，须在办理按揭手续时一次付清。

在报价提案这一阶段，典型的客户期望包括：

（1）让我在某个范围内或某个确定日期提取新车，如果车辆有现货，让我马上提车；

（2）让我了解和评估相关的信息（例如新车价格、二手车置换、服务价值、质保范围、合同条款和附加条件、付款手续等）；

（3）向我说明所选择的产品、质保、服务和经销商所具有的高附加值，而且交易公平，我的购买价格不高于任何其他客户；

（4）及时告知贷款购车的可选方案，帮助我分析各种贷款购车方案的优缺点；

（5）给我所有必要的信息，以便我做出明智决定。

给我时间考虑再做出决定，不要让我感觉太仓促或迫于压力。

由于购买汽车需要支付的费用比较多，因此，销售顾问在为客户报价时，也需要掌握一定的技巧。

1. 分清客户类型，针对性报价

各品牌车型都存在不同配置不同价格的情况，因此，在初次报价时，建议报区间价格，了解客户的实际需求后，给出不同配置的报价。对于漫无目的不知价格行情的客户，可报高价，留出一定的砍价空间；对于不知具体某一品种的价格情况，但了解汽车行业销售各环节定价规律的客户，应适度报价；对那些知道具体价格并能从其他渠道购买到同一车型的客户，则应在不亏本的前提下，尽量放低价格，留住客户。总而言之，就是针对不同类型的客户，报不同的价格。

2. 突出优势，物超所值

很多客户进入4S店后，未进行任何的产品信息咨询，直接就向销售顾问询问某款车的价格，面对这种客户，销售顾问应突出产品的优势，给客户一个听产品说明的机会，其实很多客户进门就问价是为了掩饰自己的紧张情绪，急于控制局面，怕被销售顾问忽悠的一种表现。销售顾问应充分考虑到这一点，首先建立与客户之间的信任，然后谈价格。

与客户的沟通，其实是一种说服的艺术。我们在"游说"的过程中，必须把握一点，就是必须"王婆卖瓜，自卖自夸"，突出产品以及与产品销售相关的所有优势，让客户由衷地产生一种"仅此一家，别无分店""花这种钱值得"的感觉。谈价时应注意：

首先，突出产品本身优势，比如，产品有一流的加工制造工艺水平，品质有保障。

其次，突出得力的后续支持。

最后，突出周全的配套服务项目。

3. 利用报价单，向客户进行组合报价

当客户有意向购买某款车型时，销售顾问可以向客户具体列明购车所需各项费用，并写在报价单中，主要项目有车价、税费、保险、贷款、精品加装等。如果客户有二手车置换，还需列出二手车评估价，并向客户说明价格构成内容。

我们为客户提供的成交方案或者报价单，往往包含以下部分：

（1）车型与颜色。

车型与颜色包括具体的车辆型号、外观与内饰的颜色，用来确认客户选择的具体车型。

（2）市场指导价与最后成交价。

二者之间的差额就是客户价格谈判获得的优惠。

（3）金融方案。

如果客户采用分期付款的方式购车，在报价单中就会包含分期首付及每期还款额。因其较低的首次支付压力、灵活的还款方式、便捷的还款渠道、更好的资金预期收益，分期付款成了越来越多的客户首选的支付方式，各汽车厂家也结合自身产品特点、不同的市场行情，推出了多种金融产品。

话术示例：

王先生，在付款方式方面，您是全款还是分期付款？如果您的资金有更好的用途，还是建议您选择分期付款，在我们这里办理分期业务，首付可以低至20%，还款期限您可以选择一年、两年或者三年，手续费和利率都非常低，如果您选择20%首付，两年还完的话，首付大概8万元，每月的还款额大概是3 900元，我觉得还是很划算的，您看一下。

（4）保险方案。

车辆保险，是汽车上路行驶的必要保障，既是车主的主观需要，也是交管部门的制度要求，同时，保险业务还能为汽车经销商带来一定的利润。所以，在很多时候，购买新车的同时必须在经销商处购买至少一年的车辆保险成了汽车交易环节的一条不成文的

规定。各大保险公司也相继推出了很多保险方案。

话术示例：

王先生，一般来讲，新车都要在店里购买车险，我们跟各家保险公司都有合作，能够保证更低的价格，而且在店里买保险，还能赠送您一年的免费道路救援以及全年的洗车服务。我为你解释一下主要的保险条款好吗？

（5）二手车置换方案。

如果客户有二手车置换，要先完成评估，评估后的二手车价格计入本次销售方案中，二手车置换不仅影响客户此次购车的实际支付费用，很多品牌还针对二手车置换客户推出了额外的优惠方案。

话术示例：

王先生，本次购买新车，您现在家里的车是打算继续保留还是置换掉？如果您打算处理掉的话，您可以考虑一下本店的二手车置换业务。一方面，我们店里有很专业的二手评估师，可以给您一个很公道的价格，当然，如果您对价格有疑虑的话，您也可以去二手车市场比较一下，我觉得我们的评估价格还是很有竞争力的；另一方面，4S店的信誉更好，相比于零散车商，您在我们这里进行置换，不会有后续的麻烦。当然，最重要的是，您现在购买新车，可以额外获得5 000元的二手车置换补贴。王先生，如果时间方便，我找评估师先帮您评估一下车辆，您看可以吗？

（6）精品装饰。

精品装饰是指客户根据自己的个性化需求，在原车的基础上进行的加装业务，当然，加装的精品也会反映在价格构成上。

（7）延保产品。

延保产品是近几年流行一种客户权益延长业务，延保是延长质保的简称。所谓延保，是指购买的汽车产品，在制造商提供的保质期和服务范围之外，由延保提供商提供延长保修时间或者延展产品服务范围或者衍生服务的有偿服务。

话术示例：

王先生，我们公司推出了延长保修服务的业务，三包法规定，新车的保修年限是3年或6万千米，在此基础之上，您可以通过购买延保产品来延长保修期限，我们的延保产品包括整车保障、核心保障和安心保障三类，其中，"安心保障"保障的是发动机总成及相关系统，"核心保障"保障的是发动机总成、变速箱总成及相关系统。现在延保产品刚好有优惠活动，比如您购买3年的整车保障，每年的费用不到1 000元，很划算的。

（8）购置税与验车上牌费。

车辆购置税的现行税率为10%，也是消费者需要支付的价格中的一部分。验车上牌费是经销商为客户提供车辆落籍上牌等有偿服务所收取的服务费，客户可以自行决定是否接受此类有偿服务，收费标准也可以协商。

在上述价格构成的要素中，裸车价格之外的金融产品、保险方案、二手车置换方案、精品装饰以及延保产品等统称为衍生产品业务。在竞争激励的汽车行业，汽车价格逐渐降低，经销商已经很难从汽车销售这一传统业务中赚取利润，而衍生产品的盈利能力相对较好，所以，近些年，多数汽车品牌的报价单中，除了裸车价格外，还包含了大量的衍生产品的价格。甚至有的品牌直接将"报价"这个传统的称呼改为"提交完整的销售方案"，简称"提案"，以此来突出衍生产品或服务的重要性。

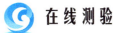

在线测验

练一练：登录 http://www.zhihuishu.com/，完成在线测验题。

课后拓学

拓展任务

试一试：选择一款经济适用的车型，到经销店咨询并要求报价。

谈一谈：和同学们分享你的实践心得与体会。

任务6-2　商谈跟进与成交

课前导学

1. 登录 http://www.zhihuishu.com/，学习《成交信号》。
2. 完成在线测验题并参与话题讨论。

课中研学

任务引入

张先生到店看车，销售顾问小李向客户推荐的车型让客户很感兴趣，客户想了解车辆的价格及相关购车费用，并让小李写一份报价单拿回去考虑，三天后，小李致电张先生询问考虑结果，并邀请客户再次到店详谈。请你观看视频并思考：

1. 小李是如何把客户再次邀约到店的？
2. 最终客户同意购车的主要原因是什么？

 **任务描述**

根据任务情境分析：

1. 车辆报价单由哪些费用构成？
2. 如何与客户进行报价与谈价？

探究学习

活动设计　客户异议处理情境模拟

- 客户背景：张先生，35岁，私企部门主管，分24期贷款购车，夫妻/同事二人一起来店体验红旗HS5，并向销售顾问提出一些问题。
- 三人一组，一人扮演销售顾问，两人扮演客户，进行模拟演练。

客户异议处理分类任务单
姓名：_____　　班级：_____　　学号：_____
客户异议处理
异议问题一：我之前在网上看到很多车主都说红旗车的小毛病挺多的，现在都解决了吗？ 我的应对话术：_____ _____ _____
异议问题二：你们都说红旗车性价比高，我看过途观L，那车也很不错啊，品质和口碑都很高。 我的应对话术：_____ _____ _____
异议问题三：别的品牌都有很多优惠，你们能优惠多少啊？ 我的应对话术：_____ _____ _____ _____

任务评价

客户异议处理任务评价表				
评价指标	分值（10分）	（　）组	（　）组	（　）组	（　）组
语言表达逻辑清晰	2分				
观点表述有理有据	4分				
有效化解客户异议	3分				
礼仪规范	1分				

 相关知识

一、价格商谈技巧

在与客户进行价格商谈时，应注意以下几点。

价格谈判的技巧

1. 巧用资源，充分利用有利条件

其实报价过程中有很多可以借用的有利条件，比如，别的经销商没有的颜色和车型；二手车收购的价格比别家的更高；更宽松的贷款要求；客户是所在公司的维修老客户；等等。在价格谈判过程中利用好这些有利的外部条件，会让报价过程更加顺利，当然，这些信息需要在前面的流程中提前收集。

2. 不轻易让价

我们不应该给不熟悉的客户报价，有些客户一直以价格合适就买车为条件要求报价，很多客户都是提前打听好价格，只是希望换一个销售顾问再确认一下。如果不按照流程执行而随意报价，只会降低自己的专业性，即使报的价格较低，也会引起客户的质疑。

很少有客户因为你给了"实在价"就放弃还价的权利。销售顾问不要奢望通过给予客户更低的价格来缩短价格谈判的过程。在价格谈判过程中，过快地让价只会让客户认为价格的谈判空间更大，让你欲速而不达。

我们要通过适当坚持的行为告诉客户，获得价格优惠并不容易。

3. 让价要有代价

我们给予客户的任何一种优惠，包括价格或者其他方面的优惠，都可以要求客户用几乎同等价值的条件进行交换，客户希望得到更多的价格优惠，不要急于拒绝，可以试试交换条件，比如，建议客户在店内购买三年的车险。

究竟有哪些条件可以用来跟客户交换，取决于我们的衍生产品包装，也就是在包装

过程中，除汽车产品裸价这个核心之外，包装了多少衍生产品，比如金融、保险、二手车、精品装饰、延保等。包装的衍生产品越多，可以与客户交换的条件也就越多。

而且，这种交换可以迅速扩大衍生产品的销售量，为我们赚取更多的利润。同时，这种交换行为也在告诉客户，获取价格优惠并不容易，让客户适可而止。

4. 让价不超过三次

客户对价格优惠的诉求永无止境，客户总是希望得到更低的价格。建议让价过程尽量不要超过三次，因为每次让价，我们都会说真的是最低价了，或者说已经是最大的优惠了。这样类似的表述其实是一种承诺，如果还能继续给出后续的价格优惠，那么前面的承诺及我们个人的信誉都将变得一文不值，客户不再信任我们是一件非常可怕的事情。

同时，第二次、第三次的让价，尽量以非现金的方式给出，比如赠品、售后服务代金券等。

5. 只敲一次门

很多销售顾问喜欢在价格谈判的过程中不停地向经理或总监申请优惠政策，当你多次应客户要求去敲门时，客户也在丧失对你谈判权限的信任，你成功的机会也就越小。在敲门前，一定要和客户确认好交换条件，不要当客户和领导之间的传话筒，学会在谈判的过程中和对方交换条件促成协议。

6. 通过建立价值应对客户的价格要求

销售过程中，从电话接听开始，一直到价格谈判这一步，我们不断地建立着各种价值，比如品牌价值、产品价值、生产厂家的价值、经销商价值以及销售顾问自己的个人价值等，这些价值建立得越多，价格谈判就越容易。当客户对价格优惠有更多的诉求时，我们可以通过重复强调已经建立的价值来进行应对。

价值体现于结果，创造于过程。

7. 弱化价格谈判

销售顾问要降低客户对价格谈判环节的关注度。价格协商的过程中，气氛越轻松，成交的过程就相对越容易。报价前，销售顾问不要主动表现出这样的言行：马上要进入一个很正式的流程。例如，非常正式地邀请客户落座、送饮料、拿出计算器、不自觉地停止和客户开玩笑、表情严肃等都是常见的销售顾问在这一阶段的表现。上述表现说明销售顾问自己对价格谈判这个环节就很紧张，这种紧张情绪会不自觉地传递给客户，客户自然会提高十二分的精神，和你一起进入这种"战斗"的气氛中。要想在这种氛围下"速战速决"，基本是没有可能的。

8. 让客户有"赢"的感觉

当我们与客户最终就成交方案达成一致时，不要让客户觉得自己的价格谈判输掉了，自己是在被迫、没有选择的情况下成交的，我们要让客户觉得自己占便宜了，要让客户有赢得谈判胜利的喜悦，所以我们要表现得为难、委屈。

在向客户报价与进行价格谈判过程中，有一些不应有的言行举止，需要特别注意：

（1）慌张。慌张的表现，比如工作条理混乱、总是忘记必备的材料、手足无措、身体抖动，这些行为都会瞬间摧毁客户对我们的信任，客户可能开始怀疑销售顾问的专业能力，甚至怀疑经销商的工作效率。

（2）多言。俗话说，言多必失，在价格谈判这个需要谨慎的环节上，我们过多的言语可能会带来负面的效果，尤其是问一些不合时宜的问题。比如，当客户问及是否可以使用手机付款时，销售顾问试探地问到：您是不是确定要买这台车了？这就是一个不合时宜的问题。

（3）过度兴奋。销售人员每天面对客户进行价格谈判，就像上班打卡、下班吃饭一样平常，这是我们的日常工作。如果面对谈判过程中的一点点胜利，我们就表现得异常兴奋，这会引起客户的联想：他为什么这么兴奋？请大家相信，这个联想不会得到什么好的结果，客户能够想到的多数是负面的原因。

（4）缺乏耐心。当销售顾问急于成交时，不管出于什么原因，客户一定会感受得到这种迫切，这种情况也会影响客户对产品品质的判断。而且这种迫切的情绪会传递给客户一种压力，让客户感受到不安。

（5）傲慢。对客户的各种诉求用傲慢的态度来回应，会降低客户对我们的品牌、经销商以及销售顾问个人的好感与信任，现在是买方市场，傲慢的态度会把客户送到竞争对手的手里。

二、成交信号

当客户对我们的产品以及成交方案都满意的时候，客户会表现出成交的意愿，但很少有客户会主动提出成交。我们需要通过客户的言行举止来发现客户意愿，主动促进成交。

成交

客户可能会表现出的常见的成交信号包括：

➢ 论及与付款相关的问题，如首付比例、按揭手续、贷款利率、付款方式、定金数额、手续费等；

➢ 论及颜色、内饰、装备并做肯定，此时客户对产品的关注已经从发动机、变速器等核心部件转向颜色、内饰、装备等，而且表示产品符合自己的审美和要求；

➢ 论及交车时间、交车地点、落籍上牌等其他交车事宜，说明客户考虑的问题已经越过了成交环节，交车的前提是成交；

➢ 论及售后、备件的问题，比如保养周期、保养价格、维修价格、质保期限、索赔条款等使用问题；

➤ 论及合同细节，客户开始专心看合同文本并与销售顾问讨论合同细节，以及保险条款、按揭合同等；

➤ 其他行为表现，如身体前倾，对你的看法表示认同，出现放松和愉悦的表情和动作，不断地审视产品等。

快速、准确地识别客户发出的成交信号，可以让我们的成交工作更加顺利。当然，这需要我们积累足够的工作经验。不要等待客户主动表达成交的意愿，当发现成交信号后，销售顾问应主动建议成交，主导流程。常见的促进成交方法包括：

1. 直接请求促成法

直接请求促成法是指销售人员得到客户的购买信号以后，直接提出建议购买的方法。例如，"如果您对产品和价格没有异议的话，咱们现在就把这辆车定下来？"销售人员使用直接请求促成法，可以大大缩短达成交易的时间，从而尽快签约。其实，"直接法"并不意味着简单地提出交易，而是在直接提出建议购买之前，销售人员已经做了大量的准备工作了，是水到渠成、瓜熟蒂落了。

直接请求促成法并非在每一次销售交易中都适用。销售人员要考虑当时洽谈的场合和情形、所销售的汽车产品以及与客户的关系等方方面面的因素，综合考虑以后才能决定是否使用此法来达成买卖协议。即使销售人员确定某个交易适合使用此法，也不能操之过急。

直接请求促成法在以下几种情况下运用时，效果会更好。

➤ 销售顾问比较熟悉的老客户、保有客户或与新的意向客户已经确认了互信关系；

➤ 在销售过程中客户通过语言、行为等方式发出了某种信号；

➤ 客户在听完销售顾问相关汽车产品介绍后，没有发表异议，甚至对销售人员的介绍表示十分赞同；

➤ 客户对某一辆汽车已有好感，购车意向比较明显，但不愿意主动提出成交建议；

➤ 销售顾问在处理完客户的重大异议之后或成功地帮助客户解决了某项困难时；

➤ 当销售顾问拿着购车合同做试探，而客户没有明显的拒绝反应时。

2. 假设成交法

假设成交法，是指销售顾问在假定客户已经接受销售建议，同意购买的基础上，通过提出一些具体的成交问题，直接要求客户购买商品的一种方法。如"先生我帮您准备一下合同"。

假设成交法的好处是可以将销售洽谈直接引入实质阶段，可以节省销售时间。由于是直接将销售提示转为购买提示，可以把客户的购买信号转化为购买行为。如果销售人员能够营造一个轻松、愉快的销售氛围，客户在没有压力的情况下洽谈成交，再配以销售人员的语言技巧和销售技巧，一般是不会失去销售机会的。

假设成交法常在下面几种情况下使用：

➤ 已经取得互信的保有客户、新的意向性客户、依赖性客户和性格随和的客户；

➤ 明确发出各种购买信号的客户；

➤ 对现有汽车型号很感兴趣，并且没有提出什么异议的客户；

➤ 虽然提出了多种异议，但是这些异议已经被有效解决了的客户。

需要注意的是，销售人员在运用这种方法时，如果没有能够捕捉住成交信号，则会给客户造成一定的购买压力，引起客户的反感，反而破坏了洽谈成交的气氛。如果客户依然无意购买，也千万不要强行销售，以免给客户留下强人所难的不好印象。

3. 选择成交法

销售顾问可以说："您是选择全款还是分期付款？""您是选自动挡还是手动挡？""车的颜色您是选银色还是白色？"

运用选择成交法时，需要注意，销售人员所提供的选择事项应让客户从中做出一种肯定的回答，而不要给客户一种拒绝的机会。向客户提出选择时，尽量避免提出太多的方案，最好的方案就是两项，最多不要超过三项，否则，可能不会达到尽快成交的目的。

4. 诱导成交法

比如公司正在搞促销活动，销售顾问可以向客户宣传："现在购买这款车，我们公司赠送倒车雷达，数量有限！""如果您现在买车，正好赶上后天的节假日，您可以带着家人一起出门游玩，多方便。"

5. 小恩小惠促进法

在公司规定允许和得到有效授权的前提下，可以给客户一点折让以促进成交。比如说："如果您今天就订车的话，我争取送您一次免费保养。"

6. 压力法

以车源压力（颜色、数量）或价格压力等理由提示客户成交。比如："我们的小排量惠民补贴到本月末就结束了，以发票为准，还有两天的时间，我建议您尽快决定。""这款车销量很好，库存一直很紧张，如果您不尽快定下来，下一批车可能要等年后了，我建议您现在就定下来。"

7. 赞美法

该方法比较适合那些自诩为内行、专家，十分自负或情绪不佳的客户，让其从内心接受你的赞扬，促其成交。如："像您这么了解汽车行业，一定知道这个月是一年中价格最低的时候。"其他的赞美词句诸如："择日不如撞日，刚好今天是518，选个吉利的日子订车，也预示着您以后的生意财源广进。"等等。

为客户设计合理的成交方案，满足其购车需求，及时发现成交信号并使用合理的方法建议成交，将帮助我们顺利实现达成交易的目标。

三、注意事项与执行建议

提案成交阶段
的常见问题

1. 注意事项

（1）要降低客户对价格谈判环节的关注度。

（2）永远有备选方案。

（3）很少有客户因为你给了"实在价"就放弃还价的权利。

（4）不要给并不熟悉的客户随便报价。

（5）不要急于成交。

2. 执行建议

提案成交
阶段的建议

（1）不要放弃个人价值。

（2）充分利用有利条件。

（3）提案成交流程的执行质量很大程度上取决于前面流程的执行情况。

附：**参考话术**

示例话术1：

先生/女士，我已经按您的需求确定了车型、选装装备、价格等所有信息，并为您制作了一份详细的购车价格明细，您再看看，是否还有什么要求？

先生/女士，如果没有问题，我现在帮您办理订车手续？

（如果不能订车）

没问题，这是这款车的产品手册和购车明细单，您回去再考虑考虑。我也建议您认真考虑一下，多比较比较。我相信我们的品牌、产品和我们4S店都是您最佳的选择。我们非常希望能够为您提供专业服务。您刚才给我留下的联系方式应该很方便联系到您吧？我下周二的时候和您联系做个沟通，您看可以吧？

（如果可以订车）

这是订单，上面有您订购车辆的详细信息和其他条款，您确认一下，如果没有问题的话，请在这里签个字吧。

示例话术2：

（销售顾问需要制订并提交给客户一份正式的包括车型、选装装备、厂家指导价格、客户姓名和经销商地址在内的完整报价，在填写报价单时，再次和客户确认其需求信息。）

先生/女士，您已经确定选择××车型了是吧？我把咱们刚刚确认的信息制作一份建议报价单给您，请稍等……

（销售顾问要为客户解释报价单的内容，并确认客户理解和明白。）

这是报价单，您看一下，车型是××，您再确认一下吧……您觉得报价单包含的信息完整吗？您对报价单还有什么疑问吗？

示例话术3：

先生/女士，您觉得这个报价方案怎么样？

（销售顾问应该为客户建议不同的付款方式，以鼓励客户购买（而不是用更低的价格），并为客户提供详细的计算。）

付款方式上，您可以考虑全款购车，不过我们在金融服务方面有……的优惠，如果您的资金有更好的投资收益，我可以帮您设计一个分期付款的方案。您看好吗？

（销售顾问应该主动提供相关的优惠措施来完成交易（如二手车置换等）。）

您曾经和我说起过，您想用您的在用车置换，现在我们在二手车置换方面有……的优惠方案，您考虑一下？我可以让我们专业的二手车评估师给您做个评估，您根据情况决定，我也会调整报价方案。您看好吗？

示例话术4：

先生/女士，××品牌是最早进入我国的豪华车品牌，至今已经建立了×××家4S店，遍布全国各大城市。维护保养非常方便，而且设备先进，售后服务及时周到，您今后在车辆使用方面完全没有后顾之忧。而这正是我们在豪华车市场的绝对优势。

××品牌到现在已经有一百多年的历史了，在科技领先方面一直有出色的表现，品牌形象强调动感、进取和尊贵，有个性而不张扬，真正是一款尊贵豪华的高级轿车。

先生/女士，我们4S店作为××品牌的特约经销商，可以为客户提供很多特色服务，比如保险的一站式服务，不定期的爱车养护课堂，等等。

示例话术5：

（销售顾问应该再次强调符合客户利益的产品优势，比如安全、高品质等。）

先生/女士，××品牌的安全是有目共睹的，我们的产品不管是高配还是标配，在安全配置方面都不设选择项，全部装备了最高级别的安全设备……

（提案成交环节应该更多强调产品的感性价值，促进客户的购买欲望。）

先生/女士，作为高档豪华轿车，××品牌的品质毋庸置疑，不论是您亲眼看到的近乎完美的装配工艺，还是内部装饰件的手感和品质，都体现了高档产品应有的品位和质量，这就是我们的品牌价值所在，与您的品位和价值观相得益彰……

我们选择B&O这样的顶级音箱作为合作伙伴，正是因为我们对品质和产品理念的追求与B&O殊途同归，相信您选择这款车也一定不会失望。

示例话术6：

（示例背景：假定销售车型可以在指导价基础上优惠5 000元。）

销售顾问：您是不是觉得这款车完全符合您的需求呢？

客户：嗯，还好吧。你能给我个什么样的价格？

销售顾问：没问题，张先生，我一定会为您争取一个非常合理的优惠的。您是不是已经确定这款车了呢？

客户：是，只要价格合适，我今天就定。

销售顾问：您确定今天定的话，我会去帮您申请的。不过这款车是紧俏车型，刚才给您介绍车辆的时候也和您说了，目前的车源也很紧张，优惠程度我只能尽力而为。

客户：行啊，你就帮我去问问吧。

销售顾问：好的，您先喝点饮料稍等一会。

（片刻后）

销售顾问：张先生，本来这款车目前最多能优惠2 000元，我告诉经理您是老客户介绍来的，所以特别争取了一个优惠，只要您在我们这里买保险，可以多给您优惠1 000元，一共能给您3 000元的优惠。您看可以吧？

客户：这么少呀，能再多点吗？

销售顾问：张先生，这已经是我尽的最大努力了。而且您要提车的时间比较急，我会尽量帮您协调订单，争取让您尽快能提到车。

客户：可我听说别人家还能有很多优惠，你再给我送点东西吧？

销售顾问：张先生，刚才试驾的时候您是不是对这台车的动力性和操控性非常满意呀？

客户：是啊，是不错。

销售顾问：既然您这么喜欢这台车，这台车也是这么符合您的身份和风格，我也希望您能尽快拥有这台车。我就擅自做主，您在我们这里贴膜和封釉的话，给您打8折吧。这样算下来您也节省了不少呢！您觉得可以吧？

客户：嗯。我想想……

销售顾问：如果没问题的话，这是订单，您签个字就可以了。

在线测验

练一练：登录http://www.zhihuishu.com/，完成在线测验题。

课后拓学

拓展任务

试一试：请教企业导师，搜集一个实际商谈的案例。

谈一谈：与企业导师交流有关价格商谈的经验。

附表 1：

任务单–报价谈判综合实训

姓名： 班级： 学号：

任务名称	报价谈判综合实训		建议用时	20 分钟
任务目标	1. 使学生熟练掌握组合报价方法 2. 学生能够针对客户提出的价格异议进行合理应对			
任务描述	客户张先生打算购买（　　　　　　　），想详细了解不同购车方案的区别，请结合客户实际收入情况，向客户推荐两种不同类型的购车方案			
任务工具	1. 客户背景卡　　2. 销售工具夹（或 iPad）　　3. 金融方案明细 4. 手持云台　　5. 录像设备			
任务实施过程记录				
付款方式	购车方案	推荐话术		
任务评价	学生自评			
	教师评价			

附表 2：

评分表

考核重点	考核标准	分值	得分					
			1组	2组	3组	4组	5组	6组
报价提案商谈成交	客户异议处理	2						
	报价单填写	3						
	报价单说明	2						
	销售促进	1						
	客户跟进	1						
	价格商谈	1						
	成交签约	1						
沟通能力	异议处理方式正确	1						
	利益"双赢"	2						
	用语得当	1						
团队合作	情景合理	2						
	准备充分	2						
	配合默契	1						

项目七
汽车销售交车服务

 案例导入

交车才是服务的开始

旺旭东，2017 年 7 月入职一汽丰田品牌经销店实习，因实习表现优秀，3 个月后担任正式销售顾问，2019 年和 2020 年连续两年被评为一汽丰田全国金牌销售顾问，年均销量 230 台，2020 年在一汽丰田经销商营销 3.0 大赛全国总决赛销售顾问科目中荣获全国前五，2021 年升任展厅经理兼内训师。

在多年的销售一线工作中，他接触过的客户数不胜数，在工作中，他认真对待每一位到店客户，帮助客户选购到中意的车型，很多客户已经成为他的好友，还为他转介绍了很多新客户。在与客户的沟通交流中，他不仅在客户看车、选车过程中给予建议，更是在交车过程中为客户提供无微不至的关怀，赢得了客户充分的信任。他说："交车才是服务的开始，客户花费这么多钱选购我们的车，我必须对得起客户的这份信任。销售汽车是服务性工作，销售前说的再好，都不如在客户提车时让他感受到我们用心细致的服务。客户的需求点就是我们服务的重点。"

他曾经接待过一位置换客户，马女士，50 岁左右，打算用致炫置换一台 RAV4 荣放，换车目的是自驾出游，对空间和安全配置非常关注。在试乘试驾时，他结合客户需求点，重点讲解和演示了 TSS 安全套装和 360°全景影像，对车辆智能配置和功能进行了详细介绍，同时对车内驾乘空间和储物空间进行了说明，客户对这些功能非常感兴趣，和家人商量后，很快就把车订了下来。提车当天，客户和家人一同前来，办理完相关手续后，他又给客户一家人详细示范了车辆各项功能的操作方法，客户对交车过程非常满意。在客户离开之前，客户看到新车的油量不多，提出自己置换的车辆刚刚加了满箱油，并表示油费

171

挺贵的，他立刻联系车间技师把原车的油抽出加到新车当中，马女士非常满意地开车离开了。当晚，考虑到客户年龄偏大，可能对车辆的智能操作不熟悉，于是他录制了多个操作视频发送到客户的微信上，同时还向客户说了一些自驾旅游可能遇到的问题，并表示遇到任何问题都可以随时和他联系。马女士对他的细致服务非常满意，游玩期间经常给他发各地的风景照片，他也经常回复客户，并询问车辆使用感受，客户说对车辆非常满意，油耗低而且智能配置丰富，让他在出行路上轻松不少。回店保养时，还给他带了礼物，并且给他介绍了新的客户。

扫码观看案例视频，并思考以下两个问题：

1. 通过案例分析，你认为为什么说"交车才是服务的开始"？

2. 金牌销售顾问在交车过程中做了哪些具体工作赢得客户满意的？

学习目标

素养目标：

1. 通过案例分析、视频示范，培养学生爱岗敬业的精神和良好的沟通能力；

2. 通过强化文化自信，培养学生树立新时代价值观；

3. 通过多种教学手段的应用，培养学生以客户为中心的服务意识和专业、诚信的职业素养，践行诚信、友善、敬业的价值准则。

知识目标：

1. 掌握汽车销售交车服务的标准工作流程；

2. 掌握汽车销售交付服务的工作要求和执行标准。

能力目标：

1. 能够独立完成汽车销售交车服务工作流程；

2. 能够按照岗位执行标准熟练完成预约交车与交车接待的工作内容。

任务 7-1　预约交车

课前导学

1. 登录 http：//www. zhihuishu. com，学习《预约交车》。
2. 完成在线测验题并参与话题讨论。

课中研学

任务引入

张先生购买的新车如期到店，销售顾问小李致电张先生预约交车，扫码观看视频并思考：

1. 预约交车时，应注意的电话礼仪有哪些？
2. 预约交车时，应向客户说明哪些具体事项？

任务描述

客户张先生购买的新车到店了，销售顾问小李对车辆进行检查后，电话通知客户到店提车，在电话中与客户确定好交车日期和时间，并提醒客户携带好相关手续。

探究学习

活动 1　车辆交付准备工作

● 客户背景：张先生，35 岁，私企部门主管，工作繁忙，订车时已交付定金 2 000 元，分 24 期贷款购车，相关手续已经办理，车辆准备就绪。

● 以小组为单位进行讨论，参考交车预约卡，总结在车辆交付前需要做好哪些准备工作。

交车预约卡	
客户姓名	
订购车型	
车辆颜色	
车辆识别号	
预约内容	
交车时间	
付款方式	现金（ ） 刷卡（ ） 其他（ ）
交车仪式	基本交车仪式（ ） 豪华交车仪式（ ） 专属交车仪式（ ）
客户到店方式	
随行人员	
客户特殊要求	
销售顾问： 交车专员：	

活动 2   预约交车模拟演练

• 客户背景：张先生，35 岁，私企部门主管，工作繁忙，订车时已交付定金 2 000 元，分 24 期贷款购车。

• 以小组为单位，组内两人一组，分别扮演销售顾问与客户，进行模拟演练。

交车预约任务单
姓名：_____   班级：_____   学号：_____
客户背景：张先生订购红旗 HS5，订车当日只交了定金，约定 3 日后提车
任务描述：请你扮演销售顾问，邀约客户到店提车，并说明提车时的相关事项
我设计的交车预约话术：

任务评价

交车预约任务评价表					
评价指标	分值（10分）	（　）组	（　）组	（　）组	（　）组
电话礼仪规范	2分				
预约话术自然流畅	4分				
交车流程阐述清晰	3分				
用语专业、规范	1分				

相关知识

一、客户满意度与客户情绪曲线

在最权威的 JD POWER 销售满意度调查中，交车过程的满意度历来占有很高的比重。如在 2016 年的销售满意度影响因子中，"交车过程"占比为 23%，影响力最大。在 2020 年的满意度调查中，虽然加入了"在线体验""入店前沟通"以及"试乘试驾"等因子，"交车过程"依旧占比最大，达到了 20%。2023 年，"交车过程"占比为 22%。如图 7-1 和图 7-2 所示。

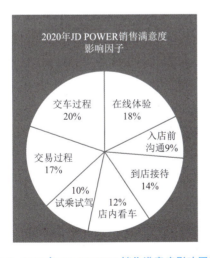

图 7-1　2020 年 JD POWER 销售满意度影响因子　　图 7-2　2023 年 JD POWER 销售满意度影响因子

为什么客户满意度评价对"交车过程"这一环节如此关注？因为在这个环节，客户的情绪是整个销售流程中最高的。JD POWER 统计过，客户在交车的时候情绪变化最大，也是最为兴奋和开心的，因为经过长期思考，选定了自己的车型，终于拿到了自己的爱车，内心肯定是兴奋的，也是开心的，这个时候消费者希望自己的状态能被人感受到，甚至希望周围的人和他是相同的状态。

而恰恰相反的是，销售顾问在这个时候并不是最兴奋的状态，因为最兴奋的状态已经过去了，销售顾问最兴奋的时期是签单的一刻，当客户签单或者交了足够多的定金时，销售顾问是最为开心的。后续交车，很多销售顾问觉得是例行公事，也不是最兴奋的状态。

所以，在很多企业的满意度评价中，"交车过程"虽然比重很高，但客户满意度水平却是比较低的。

从图7-3中可以看出，在交车环节，客户与销售顾问出现了较大的情绪反差，当销售顾问不能与客户一同开心时，客户的满意度自然会下降。

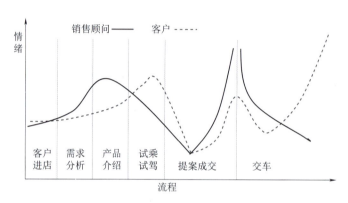

图7-3　销售情绪曲线

关键时刻（Moment Of Truth，MOT）研究理论认为，销售或服务人员每次与客户的接触都构成一个接触点，而很多接触点的时间非常短，但却直接决定了公司、品牌或产品在客户心目中的印象，所以将这些接触时刻定义为关键时刻。在很多汽车企业考核销售满意度过程中，将"新车油量""交车仪式"等指标列为MOT指标，也可以看出企业对交车环节的重视。

二、交车流程

交车环节通常在整个销售流程中是客户情绪最好的时刻，在这个过程中，我们需要向客户交代和讲解的内容非常多。这一过程的工作目标是通过严谨的交车准备、高效的手续办理和专业的用车讲解，加上隆重热烈的交车仪式，提升客户口碑，以确保高的客户忠诚度。

精心准备、认真实施的交车过程可以弥补我们在前面流程中欠缺的地方，提高客户的满意度，更是我们开启老客户资源的重要环节。

交车流程如图 7-4 所示。

图 7-4　交车流程

（一）预约交车流程

预约交车

在交车前与客户进行电话沟通，确认交车日期和时间，以确认客户该时间可行。

提前一天将车辆准备好，如果客户是早上上班就提车，前一天把车辆洗干净，包括内部和外部，都要清洁；如果是中午或者下午提车，在上班开完早会后准备车辆，准备好交车所需的各种资料，包括车辆落籍用的单据、发票、购车合同、贷款手续、交车确认单等，最好是客户到的时候销售顾问正在给客户擦车，客户会很感动。

1. 车辆准备

➢ 销售顾问就与客户确认的交车预约事项与交车专员进行沟通（如无交车专员，销售顾问需独立完成后续工作）；

➢ 参照订单及交车预约卡，确认车辆是客户所订购车辆，确认事项包括车辆颜色、车辆内饰、车辆配置、车辆识别号等；

➢ 协调车辆清洗，检查车辆，确保车辆外观干净完好，无伤痕，内部干净整洁，车内地板铺上保护纸垫；

➢ 协调售后服务部对车辆进行 PDI 检测，确保车辆各项功能正常；

➢ 最终确认车辆配置、附件符合订单要求；

➢ 重点检查车窗、后视镜、烟灰缸、备用轮胎和工具；

➢ 设定时钟、设定保存收音机频道等，若车辆配备导航系统，则设定经销店的位置为回家②，设定客户家的位置为回家①；

➢ 新车油箱内加入适量汽油，至少确保油表灯不亮（满箱油为最佳）；

➢ 确认有可用的交车区域供交车使用，将车辆停放到位，确保客户可以从各个方向打开车门，方便客户绕车检查，确保"车等人"；

➢ 将经常使用到的《用户手册》等文件与销售顾问及服务顾问的名片放置在一起，

装入专用的随车文件放置在包/文件夹中。

2. 车辆相关资料准备

➤ 检查与确认交车资料内容完备；

➤ 与参与交车的部门进行沟通，如客服部、售后服务部，确保其他部门能够参加交车；

➤ 按照交车内容准备相关物品。

3. 预约交车

➤ 与用户电话沟通确认适宜的交车时间；

➤ 详细告知客户交车流程及所需材料；

➤ 提醒客户准备好尾款，与客户沟通并选择最简便的付款方式；

➤ 询问客户有无特殊要求，如交车的具体时间、赠品要求等。

预约电话结束后，给客户发送短信，确认交车日期及时间，并表示感谢。

电话预约交车参考话术

王先生，很高兴通知您，您的爱车已经到店，明天可以提车了，您看明天上午十点怎么样？

明天您过来的时候，请带好身份证、定金收据，准备好尾款，整个交车过程要为您办理财务手续、落籍上牌的手续，进行车辆功能介绍，还有一个简短的交车仪式，大概要一个半小时的时间，请您提前安排好时间。

明天付款，您还是刷卡？

明天交车，除了您，还有家人一起过来吗？

您对交车还有什么问题吗？稍后我会把提醒信息发送到您的手机上，请注意查收。如果有任何疑问，您可以随时给我打电话。

那好，王先生，明早九点，我再给您打电话，确认您到店时间。

4. 填写交车预约卡

交车预约卡的使用可以帮助销售顾问或交车专员更加高效、准确地完成交车任务，避免发生时间冲突、人员冲突、交车间冲突等问题。同时，与客户确认预约信息的同时，也可以提醒客户准备相关材料。

(二) 交车接待流程

1. 介绍交车流程

➤ 客户到店后，销售顾问及交车专员主动出门迎接客户，向客户表示祝贺，并照客户户随行人员；

➤ 销售顾问将交车专员介绍给客户，交车专员做自我介绍并祝贺客户；

交车流程

➤ 向客户概述交车流程及交车所用时间，请客户协调好自己的时间；

➤ 提供交车流程单，使客户掌握交车流程动态及时间。

2. 确认车辆

➤ 引导客户到交车间；

➤ 出示客户订单，与客户共同确认车辆配置等信息与订单匹配，所交付车辆确为客户所订购车辆，获得客户确认；

➤ 陪同客户环车检查车辆，确认车辆外观、内饰均完好，符合新车交付的要求。

3. 付款

➤ 向客户出示订单，与客户确认应付款金额；

➤ 向客户详细说明费用的构成，解释各项费用的明细，并请客户亲自计算，确认客户对所付款项明晰无异议；

➤ 对分期付款的客户，金融部门出具分期付款证明及款项说明；

➤ 对二手车置换的客户，二手车部门出具二手车置换证明及款项说明；

➤ 与客户做最后付款方式的确认；

➤ 详细讲解付款手续，确保客户清晰了解；

➤ 进行付款前文件的签署以及办理付款手续：购车合同、车辆付款单、附件精品付款单等；

➤ 销售顾问协助客户付款，及时解决客户异议。

4. 车辆讲解与交接

第一，文件材料递交。

➤ 向客户详细讲解并递交随车文件与手续，主要包括商业票据类，如收费凭证、发票、合同或者协议、保险凭证、尾款结算单据等；随车文件类，如车辆使用手册、保修手册、车辆合格证等；还有交车确认类，比如新车交付确认单据、PDI 检测单等；

➤ 递交结束之后，解答客户疑问，获得客户确认后，请客户在交接清单上签字确认。

第二，车辆功能讲解。

➤ 按照车辆功能讲解明细，菜单式详细讲解车辆各项配置功能的使用方法；

➤ 以客户兴趣及需求为重点，从外及内、从上到下、从整体到细节进行讲解；

➤ 讲解过程中，请客户亲自动手操作车辆的配置和功能；

➤ 车辆功能讲解结束后，询问客户是否还有其他疑问并解答，确认客户对车辆功能清晰了解。

第三，随车物品确认。

➤ 按照交车检查确认单，菜单式与客户确认随车物品；

➢ 向客户讲解随车物品的使用方法，取得客户确认；

➢ 请客户在交车检查确认单上签字确认。

5. 交车面访

面访的主要目的是获取和改善客户的满意度状况，主要步骤如下：

➢ 销售顾问向客户介绍客服部门人员；

➢ 客服人员恭喜客户，递名片并主动自我介绍；

➢ 说明交车面访的目的及给客户带来的利益，并逐项向客户说明交车面访内容，确保客户清晰了解，并做完整面访；

➢ 面访结束后，客服人员感谢客户，并赠送面访礼品，感谢客户配合。

6. 介绍服务顾问

目的是让服务顾问与客户提前建立感情连接，增加客户黏性，主要步骤如下：

➢ 销售顾问将服务顾问引导至客户处，并简单介绍客户购车型号，邀请服务顾问为其介绍后续服务和保养内容；

➢ 服务顾问自我介绍并递上名片；

➢ 服务顾问礼貌并友善地恭喜用户购得爱车，告知客户下面会用 3 分钟左右简单介绍后续服务保养要注意的事项；

➢ 介绍服务保养的相关内容，包括保养里程间隔、预计每次保养的平均花费；

➢ 介绍预约维修保养对于客户的利益与预约的注意事项；

➢ 将救援注意事项内容交与客户，介绍救援服务相关内容，将救援电话告知客户并标出，告知救援注意事项；

➢ 提醒用户要关注车辆的使用状态，并谨慎驾驶车辆，系好安全带等；

➢ 提示用户按要求进行保养，以符合厂家的索赔政策；建议使用原装备件和附件带给用户的好处；

➢ 祝福用户用车愉快，告知用户遇到任何问题都可以随时与 4S 店或者服务顾问联系。

7. 交车仪式

交车仪式的目标是为客户留下深刻感动的印象。交车仪式的主要工作包括：

➢ 向客户介绍参加交车仪式的工作人员；

➢ 按照之前与客户预约和确认的交车仪式，举行标准且隆重的交车仪式；

➢ 参加交车仪式的全体人员与客户合影留念，并将照片赠与客户，表达谢意与祝福；

➢ 交车仪式既可以举办传统的简单规范的仪式，也可以针对客户的个性化要求单独设计，宗旨是让客户满意。

8. 送别客户

➤ 送别客户前，需要再次询问客户对车辆使用、交车过程、所付款项等内容是否还有疑问；

➤ 告知客户首次驾车的注意事项；

➤ 感谢客户信任与支持；

➤ 全体人员欢送客户，直至客户离开视线。

9. 客户信息系统更新与客户维系

➤ 客户离店后，销售顾问完成 CRM 系统中客户信息的更新，在系统中提交新车；

➤ 销售顾问预估客户到家时间并致电客户，询问是否平安到家及驾车状况，并再次感谢和祝福客户；

➤ 根据回访频率，制订后续回访计划及内容，常见的跟踪计划包括活动邀请、寻求转介绍、车辆使用情况了解、特殊季节天气的车辆使用建议等。

 **在线测验**

练一练：登录 http://www.zhihuishu.com/，完成在线测验题。

 课后拓学

拓展任务

试一试：请企业导师指导你，协助销售顾问完成一次交车工作。

谈一谈：和同学们分享你的实践心得与体会。

任务 7-2　交车接待

 课前导学

1. 登录 http://www.zhihuishu.com/，学习《交车接待》。

2. 完成在线测验题并参与话题讨论。

课中研学

任务引入

张先生按照约定的时间到店提车，小李按照标准工作流程完成了交车工作，请你观看视频并思考：

1. 如果你是张先生，你对小李的交车工作是否满意？如果让你对小李的交车工作进行评分，你会打多少分？（非常满意 10 分，满意 8~9 分，一般 6~7 分，不满意 1~5 分）

2. 你认为小李的交车工作还有哪些可以改善的地方？

任务描述

小李电话预约了张先生到店提车，客户到店后，小李按照标准工作流程接待客户，顺利完成了交车工作。但是在客服回访时，客户并没有给小李的交车工作打满分，这让小李非常郁闷，反思自己存在的问题。在同事的帮助下，小李最终理解了交车时应该注意的工作重点。

探究学习

活动设计　交车接待情境模拟

· 客户背景：张先生，35 岁，私企部门主管，工作繁忙，订车时已交付定金 2 000 元，分 24 期贷款购车，夫妻/同事二人一起来店提车。

交车流程任务单		
姓名：_____　　班级：_____　　学号：_____		
交车流程单		
项目	大约时长	具体内容
车辆检查	10 分钟	检查外观油漆、车辆附件等
付款手续	10 分钟	完成付款、开具发票等手续，以及费用讲解
保险办理	60 分钟	为本地客户和外地客户分别办理保险
售后介绍	10 分钟	引领参观售后区域，介绍售后服务流程并引荐服务顾问
车辆介绍	20 分钟	再次介绍车辆功能
交车仪式	10 分钟	根据客户需求，举办交车仪式，赠送礼品并合影留念
我设计的交车接待话术：		

- 以小组为单位，组内三人一组，一人扮演销售顾问，两人扮演客户，进行模拟演练。

- 规范填写交车检查确认单。

交车检查确认单			
车主姓名		联系电话	
购买车型		购车方式	
车身颜色		初始里程数	
发动机号码		车架号码	

下表是与车辆相关的文件和随车工具，请认真查看，如无问题，在相应方框处打"√"，并确认签收。这些文件、备件、工具均为原件，请妥善保管，遗失不补。

证件及使用说明：
车辆合格证（国产）□　　货物进口说明书（进口）□　　使用说明书□
保养手册□　　保养凭证□　　购车发票（发票联、注册登记联、报税联）□
其他＿＿＿＿＿＿＿＿＿＿＿＿＿＿＿＿＿＿＿＿＿＿＿＿＿＿＿＿＿

随车工具：
钥匙□　　点烟器（＿＿个）□　　千斤顶□　　拖车钩□　　防盗螺栓□　　导航光盘□
警示牌□　　脚垫（＿＿块）□　　轮胎扳手□　　螺丝刀□　　备胎□　　轮毂罩拆卸钩□
其他＿＿＿＿＿＿＿＿＿＿＿＿＿＿＿＿＿＿＿＿＿＿＿＿＿＿＿＿＿

下表是与车辆性能及质量相关的检查项，请认真检查确认，如无问题，在相应方框打"√"，并确认签收。

车辆内外检查：
车辆外观清洁□　　车身表面完好无损□　　车内干净整洁，无脏污□
车辆配置以及颜色无误□　　发动机舱内无渗漏□　　可视部分无损伤异常□

车辆功能确认：
钥匙使用□　　座椅及转向盘调整□　　车窗与天窗□　　后视镜调整□　　车辆发动程序□
灯光及仪表□　　空调□　　影音系统□　　刹车系统□　　倒车雷达□　　定速巡航系统□
雨刮洗涤装置□　　转向系统□　　防盗功能□
其他＿＿＿＿＿＿＿＿＿＿＿＿＿＿＿＿＿＿＿＿＿＿＿＿＿＿＿＿＿

经现场检查、调试，本人所购车辆外观、内饰完好，无划痕，无破损，随车文件、备件、工具齐全，车辆各项功能正常，车况良好。填写以下两表。

服务介绍：
介绍服务顾问□   首保提醒□   服务热线＿＿＿＿＿
其他确认：
用车注意事项□   预约服务□   汽油种类及加油站位置告知□
其他＿＿＿＿＿＿＿＿＿＿＿＿＿＿＿＿＿＿＿＿＿＿＿＿＿＿＿

客户确认签字：		销售顾问：	
日期：		日期：	

任务评价

交车接待任务评价表					
评价指标	分值（10分）	（　）组	（　）组	（　）组	（　）组
主动、热情迎接客户	1分				
接待礼仪规范	2分				
交车流程阐述清晰	3分				
车辆检查与手续说明齐全	2分				
交车仪式规范	1分				
团队合作	1分				

相关知识

一、交车注意事项

1. 让客户动手参与

我们在"产品介绍"和"试乘试驾"环节，多次强调要鼓励客户动手参与，参与程度越高，获得感越强，客户满意度越高。到了"交车"环节，客户手里的产品是自己的，客户"欣赏与把玩"甚至"研究"的心态会更重，除了常规的车辆检查和功能介绍外，我们还可以设计一些环节，让客户动手体验车辆的功能、材质、做工等。

交车阶段的
常见问题

2. 介绍常见问题

很多新手司机，会因为对车辆不熟悉、功能不会操作、磨合期等原因而产生很多初期抱怨。提前预防，主动介绍使用中可能出现的问题，可以有效解决初期抱怨，比如磨合期常见问题，低温起动油耗问题，功能的开启、使用与关闭问题，燃油加注问题，特殊季节或天气的注意事项，特殊使用环境的注意事项等。在显示我们专业、细心的同时，可以避免很多麻烦。

3. 车辆准备

我们要交付给客户的应该是一辆完美的新车，在车辆准备环节，任何细节的疏漏都会带来客户的不满。车内车外是否足够清洁、一次性座椅保护套是否摘除、油箱油量是否充足、座椅位置及后视镜位置是否合适、车内是否有味道等看似无关紧要的细节，都会引起客户的注意。关于这一点，换位思考，体会一下客户对新车的期待就可以理解了。

4. 重要文件需要客户当面核对

车辆合格证、购车发票、完税证明、购车合同等重要文件务必与客户当面核对并要求客户签收。我们的重视自然也会引起客户的重视。如果可以为客户提供一个精致的、带有品牌标识的、客户不舍得轻易扔掉的、便于保存的收纳袋，会让客户体会到贴心和可靠。

二、交车执行建议

1. 制造一点小惊喜

交车阶段的建议

根据客户满意度理论，满足客户期望只能获得客户的"基本满意"，想要客户"非常满意"甚至"感动"，需要我们经常超越客户期望。意外的惊喜往往是有效方法。

预期的蛋糕永远不能实现真正的"生日快乐"，情侣间的小惊喜、小浪漫往往来自"意外"或"不期而遇"，这给了我们启示：用心制造的小惊喜可以实现客户"感动"。

写在合同上的优惠和赠品属于"客户预期"，口头承诺的交车礼物属于"客户预期"，当客户预期真正实现的时候，只能让客户基本满意，我们需要用心为客户准备一点小惊喜，"用心"比"成本"更重要。

2. 像对待自己的爱车一样对待客户的新车

销售顾问在交车环节的情绪不够高涨，主要原因是习以为常。我们每天都能看见这些新车，每天都会交车，交车只是我们最普通的工作环节。但对于客户来说却不一样，这辆车很可能是他人生中第一辆，甚至是唯一的车。

新买的衣服怕被弄褶皱，新买的鞋子怕沾染灰尘，新买的手机怕被摔坏，同样的道理，新买的汽车需要被精心呵护。我们要随手准备一块洁白的毛巾，当发现车身有灰尘或指纹时，低下身子，轻轻擦拭，我们像对待自己的爱车一样对待客户的新车，客户会非常开心。所以，轻开、轻关车门，上车前铺好一次性脚垫，戴好手套等小心的动作都会提高客户满意度。

3. 陪同客户试开新车

当客户拿到新车钥匙的时候，兴奋的心情已经不能让他们坐在展厅里听我们讲解各种车辆功能了，这种情况下，满足客户"起动车辆"的迫切心情，陪着客户试开新车，不但可以借机检验车辆功能、讲解车辆配置，还可以顺便了解客户的驾驶水平和驾驶习惯，如果需要，给出专业的车辆使用建议。

此时的试驾与之前的"试乘试驾"相比，客户的心情完全不同，怀着兴奋的心情感受车辆，也会给我们更多积极的评价，我们也为自己争取到了一次与客户建立更紧密关系的机会。

4. 告诉客户随时可以就车辆使用问题联系你

这句话看似一句礼貌性的道别用语，却是一句承诺，它在表达我们愿意提供服务的态度和日后解决问题的能力。"有问题您随时联系我"，这句话说得越自信，客户对我们的产品、销售顾问个人以及经销商的能力就越相信。

5. 多向售后部门学习

客户解决使用过程中的疑问和问题的能力从哪里来？除了常规的培训和学习外，经验的积累更加重要，要多向售后部门学习，了解车辆使用过程中的常见问题和解决方案。这可以帮助我们在客户心中树立更加专业的形象，提高解决问题的能力，只有这样，老客户才会介绍更多的新客户给我们，因为老客户相信，选择你是正确的。

三、参考话术

1. 面访参考话术

销售顾问：王先生您好，这位是我们的客服人员，接下来她将用十分钟左右的时间与您做一个交流，您看可以吗？

客服专员：

王先生您好，我是客服专员，您叫我小李就行，恭喜您成为我们××品牌的尊贵车主，感谢您对我们的支持与信任，接下来将占用您十分钟左右的时间对我们的服务做出评价。

请问您对今天的交车仪式满意吗？如果满分是10分，从0到10分，您给今天的交车仪式打几分？

您对我们的手续办理流程和速度还满意吗？

您对销售顾问的服务态度还满意吗？

您对销售顾问的专业程度还满意吗？

……

我们店将为新购车主举办爱车讲堂的活动，内容是对您在用车过程中出现的疑问和用车的注意事项进行讲解，诚挚地邀请您参加。

好的，王先生，今天的面访就到这里，感谢您的配合与支持。

2. 介绍售后服务话术

销售顾问：王先生，这位是我的同事，服务顾问张强，下面由他向您介绍这台车相关的服务内容，您看可以吗？

服务顾问：

王先生您好，我是服务顾问张强，这是我的名片。在车辆使用过程中如遇到任何问题，您可以随时联系我，我的电话全年24小时保持畅通。

首先恭喜您购得爱车，为了保证车辆的使用性能，您需要定期保养车辆，下面我会占用您3分钟左右的时间，为您介绍一下这辆车保养、预约和救援等服务内容，您看可以吗？

王先生/女士，这是保养手册，已经盖好了销售章和PDI交车合格检验章，从今天起（PDI日期），您的爱车享受2年不限行驶里程的整车质量保证，每次保养的里程间隔是××千米或×个月。手册前几页有一些用户提示，需要您回去务必看一下，避免使您的权利受损。

这是车辆的免费保养凭证，您可以在行驶到××千米时到××品牌的特许经销商处享受免费保养一次，含更换机油机滤的工时费和材料费，这个凭证有效期为一年，首保超过一年是不能享受免费的。

王先生，这是索赔条款和保养须知，两年的整车质量保证中有一些是不在保修范围之内的，如玻璃、轮胎、刹车片、橡胶密封件等一些易损件，还有个别涉及这些易损件的检测项目也是要客户自己付费的，您一定多留意，避免不必要的损失。

使用中您一定要按照车辆的保养提示定期到授权4S店进行保养和维修，维修的质量可以得到保证。

如果车辆有维修或保养需求，建议您提前预约，这样可以节省您的宝贵时间，公司还为您提供了一年免费道路救援的服务，相关电话都在我的名片上面。

最后，祝您用车愉快，车辆使用过程中有任何问题您都可以随时与我联系，我和我的同事将竭诚为您服务。

在线测验

练一练：登录 http://www.zhihuishu.com/，完成在线测验题。

课后拓学

拓展任务

试一试：请教企业导师，搜集一个实际交车的案例。

谈一谈：与企业导师交流有关交车的经验。

项目八
客户关怀与客户维系

从"客户满意"到"客户感动"

张重宇，2019 年入职内蒙古某丰田汽车销售有限公司，实习期工作岗位是汽车网销专员，创造单月最高电话邀约纪录，电话邀约成功率店内最高，意向金客户占店内意向金客户的 1/3，自创的邀约话术成为店内经典，广为流传。多年来，他凭借自己的努力，自己邀约的客户自己接待，自己进行车辆展示与价格商谈，蝉联店内销冠，客户满意度评分也一直名列前茅。

张重宇刚到店里的时候，觉得自己"科班"出身，跟其他销售顾问相比，他对汽车懂得更多，功率、马力、扭矩、D-VVT、VTEC、DOHC 这些名词，从原理到应用，他全都懂，他觉得以他的专业能力给客户介绍车绝对是得心应手。

一天，一对中年夫妻来到展厅，绕过了门口的几台展车，直奔他们感兴趣的车型，张重宇紧随其后，主动向客户介绍车辆卖点，从车头介绍到车尾，客户往哪里走，他就介绍到哪里，非常热情。但客户只说"嗯，是吗？嗯，谢谢"。其他的什么表示都没有。正好销售经理从旁边经过，示意张重宇注意客户的体验和反馈，不要一直讲车。

这时小张才恍然大悟，原来他只顾介绍，忽略了客户的反应，于是他引导客户到车内体验，又适时邀请客户入座休息，提供饮品，了解客户购车的需求。

经过沟通，客户对张重宇的专业能力非常认可，希望价格上能给予更多优惠，张重宇看客户有意向订车，又申请了售后服务和精品的赠送，客户满意地交了定金。在办理订车手续时，张重宇看到客户的身份证号，了解到 3 天后正好是女士的生日，于是与客户商定 3 天后提车。

交车当日，张重宇主动准备了鲜花和蛋糕，为客户举行了一场特别的"交

车仪式"。客户感受到他的服务和真诚，与他成了好友，还多次将买车的朋友介绍给他。

阅读案例，思考以下两个问题：

1. 如何为客户提供优质服务，提高客户满意度？

2. 你认为客户关怀与维系工作的重点是什么？

素养目标：

1. 通过案例分析、视频示范，培养学生爱岗敬业的精神和良好的沟通能力；

2. 通过强化文化自信，培养学生树立新时代价值观；

3. 通过多种教学手段的应用，培养学生以客户为中心的服务意识和专业、诚信的职业素养，践行诚信、友善、敬业的价值准则。

知识目标：

1. 掌握客户生命周期与客户关系管理理论；

2. 掌握常见的客户关怀活动；

3. 掌握客户维系与跟进的策略与技巧。

能力目标：

1. 能够通过客户关怀活动与客户建立信任关系，提高客户满意度；

2. 能够按照岗位标准熟练完成客户维系与跟进任务。

任务 8-1　客户关怀

 **课前导学**

1. 登录 http://www.zhihuishu.com/，学习《客户关怀活动》。
2. 完成在线测验题并参与话题讨论。

 **课中研学**

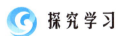 **任 务 引 入**

客户张先生已经购车 3 年，每年客户生日、购车纪念日、节假日，销售顾问小李都会定期向客户发送祝福短信，在客户购车纪念日，他还会为客户寄送小礼物，一直与客户保持良好的关系，他自己还分车型建立了客户维系的微信群，在客户日常用车时给予帮助，在店内有活动时邀请客户参加，很多客户都主动向小李转介绍买车朋友，小李的销售工作越做越顺利。请思考：

1. 客户生命周期分为几个阶段？
2. 如何做好全生命周期的客户关系管理？

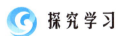 **任 务 描 述**

客户李先生提车后，销售顾问张宇按要求要定期对客户进行关系维系，请你帮他设计一份客户关怀活动计划吧。

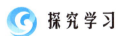 **探 究 学 习**

活动设计　客户关怀活动计划

• 客户背景：张先生，30～35 岁，国企部门主管，一家三口，妻子在银行工作，女儿 4 岁，购买红旗 HS5 智联旗享版，张先生爱好足球、长跑，喜欢参与驾驶体验，休假期间会带家人一起自驾出游。

• 以小组为单位进行讨论，设计一份适合张先生的客户关怀活动计划，并对张先

生进行首次电话回访。

客户关怀活动计划任务单		
姓名：_____　　班级：_____　　学号：_____		
客户信息：		
我设计的客户关怀计划：		
任务评价	学生自评	
	教师评价	

附：客户回访表

客户回访表

新车资料	车牌号：	底盘号：	车型/配置：	颜色：	上牌日：	交车日：

跟踪管理记录

	3日关怀亲访（3日左右）		通知强保（15天内或3 000 km内）		续保情况		车检通知（提前15天）		定期拜访						不定期拜访（通知保修到期）		重大节日问候	
									3个月		6个月		12个月					
	日期	执行情况	日期	执行情况	日期	执行情况	日期	执行情况	日期	执行情况	日期	执行情况	日期	执行情况	日期	执行情况	日期	执行情况

🌀 任务评价

客户回访任务评价表					
评价指标	分值（10分）	（　　）组	（　　）组	（　　）组	（　　）组
语言表达逻辑清晰	2分				
用语专业、亲切	4分				
电话礼仪规范	3分				
有效解决客户问题	1分				

🌀 相关知识

在传统的销售流程环节上，最后一个环节虽然叫客户关怀，但其目的主要是吸引客户到店维修和保养。在客户关怀上，我们要从追求客户满意到追求客户忠诚，从培养"满意客户"到培养"终身客户"，不仅追求客户保养和维修到店，还要维系客户换车到店，更要给我们转介新客户。

所以，与客户接触的三个层面的关系是：客户满意—客户感动—客户忠诚，如图8-1所示。忠诚度越高的客户，通常会带来更多的转介绍。有数据表明，老客户转介绍的成功率通常都是很高的，而我们正是为这一目标而努力。由此可见，我们的目标不是客户满意，而是客户忠诚。实现这个过程的方法只有一个，即通过优质的服务感动客户。

图8-1　客户接触的三个层面的关系

交车后与客户保持联系可以有效提高客户的回头率。相反，如果客户对我们不满意，他们会将不满告诉其他人，并且拒绝再次商业合作，而我们应该知道，老客户是一座"金山"。

➢ 向新客户推销产品的成功概率是15%，向现有客户推销产品的成功概率是50%；

➢ 如果将每年的客户关系保持率增加5个百分点，则可将利润增长85%；

➢ 以客户为导向的公司的利润比以非客户为导向的公司高出60%；

➢ 向新客户进行推销的花费是向现有客户进行推销的花费的6倍。

客户需要什么？客户期望从我们的回访电话中获得有价值的信息，并且希望我们在他方便的时间以他喜欢的方式进行回访，当然，保持基本的礼仪与尊重是必不可少的。

一、全生命周期客户关系管理

客户生命周期是指从企业与客户建立业务关系到完全终止关系的全过程，是客户关系水平随时间变化的发展轨迹。它动态地描述了客户关系在不同阶段的特点、需求及企业如何去满足客户不同阶段的需求，从而有效维护在不同阶段的客户关系。

对汽车行业来说，客户生命周期指的就是购车客户从成为经销商的客户并开始产生售后维修消费、消费成长、消费稳定、消费下降，最后换购或离开的过程。典型的汽车客户的生命周期大致可分为 5 个阶段：蜜月期、使用早期、保修中后期、出保后、再购期，如图 8-2 所示。

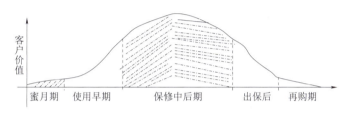

图 8-2　客户生命周期

从图 8-2 中可以看到客户价值在保修中后期最高，所以要结合客户的需求，举办有针对性的招揽活动，促进客户进场。

二、客户关怀活动

在维护客户关系时，客户关怀活动是非常必要的，其主要作用体现在以下 5 个方面。

客户关怀与维系

（1）让客户切实感受到 4S 店在用心地为自己提供关怀，丰富自己的生活，从而增强对 4S 店的满意度和信任感，而这种满意度和信任感也可以为 4S 店创造更多、更长久的客户价值。

（2）群体性的客户关怀活动可以建立车主之间交流的平台，形成以 4S 店为纽带的客户群体，这对于提高客户的归属感、维系客户的忠诚度都有帮助。

（3）给客户车辆养护更多优惠，消弭一些客户对 4S 店费用较高的印象，同时也适当提高进厂台次和服务营运收入，有利于培养客户消费惯性，减少客户流失。

（4）客户关怀活动也可以邀请客户的朋友参加，可以让潜在客户提前感知到 4S 店良好的服务，这对于促成潜在客户的成交也是有帮助的。

（5）以主动性、外向性的客户关怀活动来调动服务类员工的积极性，提升员工的工作热情，提升 4S 店在当地的服务品牌形象和口碑。

客户关怀活动主要分为四大类：围绕车辆养护进行的活动、围绕客户特点进行的活动、围绕节假日开展的活动、日常持续进行的关怀，见表8-1。

表8-1　常见的客户关怀活动

序号	关注点	执行要点
1	围绕车辆养护	• 不同季节变换，针对车辆特殊养护需求的活动 • 针对重点部件的优惠养护活动
2	围绕客户特点	• 针对不同客户属性而策划的活动，如客户车型、性别、年龄段、兴趣爱好等 • 根据客户群体的特点，策划不同的活动，如车友群、客户家庭等
3	围绕节假日	• 在特殊节日到来的时候可以组织一些相应的客户活动
4	日常持续性关怀	• 通过短信、贺卡、礼物等表达礼节性的问候 • 新产品上市或者正在开展的服务活动等的提醒通知 • 临时性事件的温馨提示

（一）以客户为中心围绕车辆养护开展的客户关怀活动

（1）在不同环境下，车辆需要进行特别的养护。如春夏之交需要关注空调系统的使用，冬季需要关注冷却系统，北方区域冬天关注防滑，南方区域雨季关注车辆防锈处理等。

（2）除了季节变化的车辆养护外，还可以结合4S店经营的养护精品，针对车辆重点部件开展优惠的养护和改装活动。如发动机、大灯、音响等系统的养护和升级。

（3）季节性客户关怀活动要围绕主题，同时丰富化，主要有以下几种：

①以专项主题检测为主，扩大免费检测范围，覆盖到全车主要部件的检测。

②活动期间现场维修工时和备件价格优惠也普遍开展。

③鼓励消费的部分项目优惠活动，如优惠提供四轮定位、优惠更换轮胎、GPS导航折扣等。

④各种免费提供给客户的小服务或者小礼物，如免费洗车或者给车身打蜡美容等。

（二）围绕客户特点开展的客户关怀活动

用性别、年龄、车型、爱好等不同的特点作为维度，可以将客户划分成很多不同的群体，比如男性车主和女性车主两个群体、高端车型和中低端车型的客户群体、年轻客户和中老年客户群体等。这些不同的维度分隔了不同特点的客户群，同一个群体里的客户往往有着相同或者接近的兴趣爱好和关注点，4S店就可以据此策划开展针对性的关怀活动。

（三）围绕节假日开展的客户关怀活动

节假日的时候，客户参与活动的热情高涨，只要4S店活动策划的时间点合适、主题有意义、过程让客户感到轻松愉快，活动就会得到客户的支持，而且客户的满意度也会很高。

1. 元旦、春节

以新春送祝福为主线，开展各种形式的客户联谊会；

对节前进场的客户赠送大礼包、"福"字等；

给客户发送祝福短信、寄送贺卡等。

2. 植树节

组织客户郊外自驾，最好是有孩子的年轻家庭，在明媚的春光里种下树苗，表达对环境的爱护，以及孩子和小树一起成长的希望。

3. 妇女节

以美容、养生为主题的客户联谊活动；

给进场女性车主赠送鲜花、电影票、化妆品、生活用品；

专为女性车主提供汽车精品优惠折扣等。

4. 劳动节

组织周边风景区、农家乐等自驾游；

组织到孤儿院、希望小学等的慰问捐赠活动。

5. 母亲节

为到店车主提供鲜花、礼品或者抽奖，作为送给母亲节的节日礼物；

为车主提供和母亲一起的美容、养生等活动体验，帮助客户完成回报母亲的愿望；

开展亲子活动，增加家庭亲密关系。

6. 儿童节

围绕亲子互动主题开展的亲子活动，提高家庭亲密关系；

围绕孩子成长中关键的问题，如安全防范和自救、锻炼和健康饮食等主题开展的专家培训讲堂；

带孩子一起慰问、捐助较贫困的乡村小学或者孤儿院中需要帮助的孩子，培养孩子的爱心，懂得珍惜良好的生活环境；

展示儿童才艺的活动，如绘画、歌唱、乐器表演等。

7. 端午节

邀请客户全家一起过端午节，在了解端午文化的同时，尝试自己动手包粽子。在室内可以穿插猜谜语、抽奖、做香包等活动，在室外可以加入茶艺、古曲表演等符合我国传统文化的元素，会让整个活动更加饱满。

8. 中秋节

对进场客户或者核心大客户赠送月饼和贺卡，表示感谢；

中秋节万家团聚，可以在节前开展客户联谊活动，包括歌舞文娱表演、抽奖、竞猜、赠送月饼等；

节前组织客户献爱心，慰问留守的孤儿，和他们分享中秋文化、中秋月饼，让随行的孩子学会懂得关怀和感恩。

9. 国庆节

国庆长假是一年里面可以自由支配时间最长的假期，很多客户都会选择长假出游，4S店可以给自驾出行的客户安排免费的安全检查，保障长途旅行的安全，让客户的假日过得更安心、顺心；

4S店组织就近的自驾游，帮助没有特别安排的客户走进大自然。

10. 圣诞节

举行圣诞节车主联谊会，以热情、火爆、时尚为主旋律，吸引中青年客户的广泛参与；

以滑雪等刺激的活动为主线，开展户外自驾活动；

给所有进店客户赠送圣诞树、红帽子、魔杖等饱含节日色彩的礼物，把4S店的关爱传送给客户的家人和朋友。

（四）日常持续性的客户关怀活动

所谓日常持续性关怀，是指平时即时开展的客户关怀，往往只是一个提醒、一句问候、一份小礼物等简单的动作。这种关怀不需要当作系统性活动来策划组织，操作起来也很简单。只要真正有一种以客户为中心的服务精神，时刻想客户所想，就可以创造出让客户感动的瞬间。

1. 节日问候

在春节、端午、中秋、国庆等传统假日或者长假前，给客户发送祝福短信，或者给客户寄送贺卡。

2. 服务活动提示

在专卖店开展服务活动前夕，发短信告知客户最好能近期进场参加。

3. 个性活动提示

当客户的会员卡级别调整时，通知客户；

当客户车辆即将出保时，或者其中重要部件需要更换时，通知客户；

当客户车辆需要续保、办理年检时，提示客户。

4. 临时性提示

当遇到大雾、降温、连续降雨等异常天气时，提醒客户注意做好车辆养护；

4S店临时的人员、场地安排可能会影响到车辆服务的，及时通知到客户。

结合我们上面提到的各种客户维系与关怀活动，建议如下：

（1）客户生日祝福。

根据回访计划及系统提醒，在客户生日当天致电客户进行问候，电话祝福一定比发送信息更加令人感动。如果能在客户生日当天为客户寄送小礼物，或者邀请客户到店参加个性化活动，会让客户更加难忘。这将是客户宣传品牌进而转介绍新客户的重要理由。

在生日祝福后，适当询问车辆整体使用情况及行驶里程，进行售后保养提醒，请客户进行转介绍或提供潜在客户联系信息。当客户因为我们的生日祝福而开心时，其他工作将变得更加容易。

话术示例：

王先生您好，我是××店的销售顾问小张，请问您现在方便接听电话吗？

王先生，今天是您的生日，我代表公司的全体员工祝您生日快乐，也诚挚地邀请您最近来店里领取您的生日礼物。如果您时间比较忙，我也可以给您快递过去。

王先生，您的车辆使用过程中有什么问题吗？您的车辆行驶了多少千米了？提醒您根据车辆提示，及时保养。

最后，再次祝您生日快乐，也希望您身边的朋友有购车打算的话，也能推荐到我这里。

谢谢您，不打扰您了，祝您生活愉快，再见。

（2）节日祝福。

在节日当天，各种形式的祝福会充斥网络，我们发送的祝福将不再那么引起客户注意，所以，选择一种客户喜欢的联系方式向客户发送祝福很重要。当然，如果能够结合特定节日，举办店内关怀活动或者客户体验活动，也是不错的选择。

（3）提示客户注意天气变化。

在季节更替的时候，比如在初冬季节，提醒更换轮胎，在春季，提醒检查过滤器等，这样的客户关怀也能体现我们的专业性。

话术示例：

王先生您好，我是××店的服务顾问×××。

马上就到冬季了，本次打电话是提醒您及时进行冬季轮胎的更换，这样可以让您在冰雪路面行驶更加安全。

我们店里也有冬季轮胎销售和更换业务，您有时间可以来看看。

好的，王先生，不打扰您了，祝您生活愉快。

在天气突然变化，出现极端情况的前一天或当天，以客户喜欢的联系方式向客户告知并致以问候，在紧急情况下，建议使用电话沟通，既体现重视的态度，也能及时给予帮助。比如，台风将至，我们需要电话提醒客户将车辆停放在安全位置，避免水淹，也可以询问客户是否需要帮助。

话术示例：

王先生您好，我是××店的服务顾问×××。

天气预报显示，今天晚上我市将面临台风带来的强降雨，提醒您不要将车辆停放在地势低洼处，也尽量远离树木，以免遭受损失。

如果有任何意外需要帮助，请随时拨打我们的 24 小时服务热线，或者拨打我这部手机也可以。

好的，王先生，不打扰您了，祝您生活愉快。

（4）活动邀约。

与市场部门共同制订活动方案，比如爱车讲堂、试驾活动、新车发布、自驾游活动、节日关怀等。面向现有客户的活动邀约，可以适当突出老客户的重要性。

话术示例：

王先生您好，我是××店的客户专员×××。

本周六公司会举办近郊自驾游活动，我们将邀请专业的驾驶教练与您一同分享车辆日常驾驶的经验与技巧，不知道您是否方便？

好的，王先生，我帮您预留名额，请问您是自己参加吗？

请提供一下您二位的身份证号码和电话号码。

（5）保养提醒与续保提醒。

车辆回厂接受保养、续保、维修等售后服务，是增加客户黏性，提升企业利润的重要途径。保养提醒与续保提醒是我们的常规客户维系活动。

可以根据 CRM 系统中提供的客户车辆信息、保养记录等定期进行提醒。

（6）车辆状况。

对客户车辆使用状况的关心，可以分为两个阶段：在客户购车后的前三个月，由于客户对车辆的功能配置、行驶特征等并不熟悉，加上车辆处于磨合期，所以要在这个阶段加以关注；在后续长时间的车辆使用过程中，可以结合车辆的里程检查、季节变化、维修记录等，适当关心车辆状况。

在上述客户维系与关怀的过程中，如果是电话联系，请遵守电话礼仪，比如电话接通时，首先进行自我介绍，然后确认客户姓名。通话结束后，感谢客户接听电话，请客户先挂断电话。

最后，记得将所有客户维系记录录入 CRM 系统。

如果在客户维系过程中，客户就电话打扰、产品问题、服务问题等表现出了不满，该如何处理？

首先，要了解客户为什么不满。

➢ 为给客户带来的不便表示歉意；

➢ 让客户随意和完全地说出自己的不满；

➢ 概述一遍客户所说的，请客户确认自己的理解，以便客户相信自己理解其意见；

➢ 把客户的担忧或投诉作为第一优先事项处理，如有需要，寻求其他部门的帮助。

其次，提供解决方案。

➢ 询问客户解决方法是否可以接受；

➢ 如果自己不能解决客户的担忧或投诉，询问客户是否可以稍后再去电话告知解决结果；

➢ 感谢客户的参与，提出今后可随时为其提供任何帮助。

最后，客户反馈留档。

➢ 确认客户所喜欢的将来的联系方式。

记录投诉的情况和结论（追踪投诉个案直至其解决），所有投诉个案呈报管理部门。

 在 线 测 验

练一练：登录 http://www.zhihuishu.com/，完成在线测验题。

 课后拓学

拓展任务

试一试：协助企业导师参与一次经销店客户关怀活动。

谈一谈：分享你的感受。

任务 8-2　客户维系

 课前导学

1. 登录 http://www.zhihuishu.com/，学习《客户维系》。
2. 完成在线测验题并参与话题讨论。

 课中研学

任务引入

客户张先生电话致电经销店咨询车型配置及价格，销售顾问李杰接听电话并解答客户问题，留下客户联系方式后邀约客户到店体验，客户欣然接受。客户到店后，李杰热情地接待他，并进行车辆介绍和试乘试驾体验，客户让李杰做了一份报价单便离开了。3 天后，李杰整理客户资料时分析张先生是有购车意向的潜在客户，需要保持跟进，因此再次给客户致电，询问客户看车后的感受以及与家人商量后的意见，客户张先生对李杰之前的接待过程非常满意，便告诉李杰，家里人有购买其他品牌车型的想法，李杰又深入了解了张先生家人的顾虑和关注点，并希望张先生能和家人沟通一下再一起到店看车，张先生同意和家人再商量一下。2 天后，张先生一家人到店再次看车，李杰细致周到的服务以及专业扎实的汽车讲解能力和竞品对比能力让客户印象深刻，李杰把握住机会，赢得了张先生一家的信赖，最终成交。在后续用车过程中，张先生经常向李杰咨询车辆使用以及养护方面的问题，李杰都及时回应。在特殊节日还给张先生寄送小礼品、发送祝福短信，知道张先生好交朋友，店内活动也经常邀请他参与。请思考：

1. 未成交客户和已成交客户在客户维系工作中有哪些不同之处？
2. 提高客户满意度需要体现在哪些方面？

任务描述

张宇每天要接待许多组客户，但是直接订车的客户并不多，一个月累计下来，张宇感觉很困惑，这么多的客户该如何做好客户维系工作呢？

 **探究学习**

活动设计　制订客户维系计划

- 客户背景：张先生，30~35 岁，国企部门主管，一家三口，妻子在银行工作，女儿 4 岁，购买红旗 HS5 智联旗享版。张先生爱好足球、长跑，喜欢参与驾驶体验，休假期间会带家人一起自驾出游

- 以小组为单位进行讨论，设计一份适合张先生的客户维系计划，分享展示。

客户维系计划任务单		
姓名：_____　　班级：_____　　学号：_____		
客户生命周期	客户维系计划	
客户接触期 （潜在客户）		
客户意向期		
产品体验期		
客户流失期		
任务评价	学生自评	
	教师评价	

任务评价

客户维系任务评价表					
评价指标	分值（10分）	（　）组	（　）组	（　）组	（　）组
活动创意新颖	2分				
有效激发客户兴趣	4分				
展示汇报思路清晰	2分				
语言表达自然流畅	2分				

附表1：客户跟踪管理表格（丰田品牌A/C卡）

A卡——C卡

A卡　从接待到交车的记录

日期	联系方式		面谈者	谈话内容	订购预测	下次预定	经理栏
	访问	店头 / 其他					
	TEL						
	访问	店头 / 其他					
	TEL						
	访问	店头 / 其他					
	TEL						
	访问	店头 / 其他					
	TEL						
	访问	店头 / 其他					
	TEL						

日期	介绍		姓名	电话号码	成否	车型
	新车	二手车 / 其他				
	服务					
	新车	二手车 / 其他				
	服务					
	新车	二手车 / 其他				
	服务					

C卡　从交车到跟踪的记录

日期	实施内容		面谈者	谈话内容	下次预定	经理栏
	首次回访					
	5 000 km 免费检查（3个月）					
	10 000 km 免费检查（3个月）					
	入库	检查				
	介绍	其他				

交车时间		车名	SFX	颜色
上牌时间		车牌号	车架号	
保险	投保日	到期日	保单号	
	公司名称	新购/续购	本公司/其他公司	

附表 2: 休眠客户管理表

序号	销售顾问	首次接触日期	客户名称	联系电话	意向车型	到店次数	跟踪次数	休眠日期	购买车型	休眠原因				原因总结	改进方向	销售经理确认
										人员/硬件	品牌/产品	价格/供应	其他			
1																
2																
3																
4																
5																
6																
7																
8																
9																
10																
11																
12																

使用责任人: 销售顾问　检核责任人: 销售经理/ADC 经理　主要关注点: 客户休眠量

相关知识

随着市场竞争日趋激烈，很难奢望客户到店就下订单。同时，与对手的竞争已经从"市场占有率"过渡到了"客户占有率"，我们希望在客户用车的全部生命周期内获得更多的份额，我们开始关注"客户终身价值"，所以要在客户购车前与购车后持续对客户关系进行维系。

在客户维系阶段，行动目标包括：面对潜在客户，传递客观的购车建议和有价值的用车关怀，通过持续联系，邀约潜在客户到店或参与品牌体验，赢得更多的销售机会；面对已成交客户，巩固并提升客户关系，加深客户对品牌的信任感与归属感，通过对现实客户的持续关爱，保证客户回头率，促进客户忠诚度与品牌口碑。

一、客户满意度营销

客户满意度是所有4S店运营的基础，是商家生存的基础，离开了客户满意度，企业将无法生存。我们做任何工作的目的都是提升客户的满意度，满意度可以是从商品的优越性上给客户的感觉，也可以是售卖商品的人或者商家提供的服务给客户满意的感觉。越是大件的商品，除了商品本身给客户的满意感觉之外，越会讲究服务品质给客户带来的满意。现在的社会是开放的，竞争的社会，4S店不止一家，同等级的品牌更不止一家，所以，掌握了客户满意度，维持了客户满意度，提升了客户满意度，是一家企业赖以生存的根本。

客户满意营销的指导思想是以客户为导向，从客户的角度来分析、考虑消费者的需求。有很多公司都打上客户至上、一切为了客户等口号，这些都是以现有客户为中心来思考的。在汽车销售过程中也是一样的，通过逆向营销、情感营销，使客户从"客户"到"回头客户"，再到"客户忠诚"。

让客户满意的最终目的是培养客户忠诚度。所以，要想在以后的工作上有所建树，一定要通过自己优质的服务，维系好更多高度满意的客户，培养客户对本品牌的忠诚度。

二、客户维系业务流程

（一）未成交客户维系

1. 跟进准备

➢ 根据客户级别，设定跟进计划并按计划准时跟进；

➢ 查看历史沟通记录，把握客户需求状态；

➢ 结合近期活动及资源，确定本次跟进邀约的理由及话术。

2. 沟通客户购车状态

➢ 了解客户的购买决策状态（比如，需要更多信息、期待更好的交易价格、购车时间延迟、可以达成交易等）。

3. 邀约客户再次进店

➢ 根据上次客户离店的中止点，结合客户的决策状态和原因，以合适理由邀请客户再次进店；

➢ 提供试乘试驾或再次试乘试驾的机会；

➢ 邀请客户来店参与近期活动，如品牌活动、新品上市和假日促销等；

➢ 邀请客户来店深入了解更多信息；

➢ 邀请客户来店再次商议价格以达成交易；

➢ 如果客户接受，为客户预约再次进店的时间；

➢ 如果客户不接受，则约定再次联系的时间；

➢ 如果客户跟踪两次以上且购车意愿不强烈，经销售部门领导批准后，可以进行休眠或废弃；

➢ 如果客户已经购买相应或其他车型，主动了解客户选择其他店或品牌的原因，作为后续反思改进的依据。

未成交客户维系如图 8-3 所示。

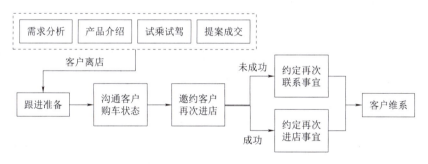

图 8-3　未成交客户维系

（二）成交客户维系

1. 沟通贷款状态

➢ 销售顾问致电客户，告知最新的贷款办理进度，使客户掌握相关信息；
➢ 如贷款遇到问题，与客户商讨解决方案。

2. 沟通车辆状态

➢ 销售顾问致电客户，告知车辆最新的生产状态、到港报关状态及到店状态。

3. 预约交车事宜

➤ 销售顾问与客户沟通具体的交车日期及相关事宜；

➤ 如果交车延迟，尽早向客户说明，并真诚道歉，赢得客户谅解，建议准备小礼物；

➤ 在交车前 24 小时提醒客户交车事宜。

成交客户维系如图 8-4 所示。

图 8-4　成交客户维系

（三）已交车客户维系

1. 交车回访

➤ 交车后当日与 3 日进行电话回访，确保客户新车使用正常；

➤ 交车后 7 日进行电话回访及满意度调查，了解客户整体满意度评价；

➤ 定期进行电话回访。

2. 预约首保

➤ 联系客户提醒首保，协助客户进行预约服务；

➤ 协调售后服务资源，减少预约首保客户等待时间。

3. 忠诚度维系与客户开发

➤ 利用生日、节假日、天气变化等发送温馨祝福或者温馨提示，拉进与客户的距离；

➤ 通过最新的上市车型，推荐现实客户到店试驾，进行车辆置换与再次购买；

➤ 借助客户满意度与客户忠诚度，引导现实客户转介绍新客户。

现实客户的维系并不是特指一次或两次电话跟踪回访，而是需要销售顾问有计划、有准备地实施一系列客户维护活动，需要销售顾问根据客户的实际情况和重要程度，安排各种行之有效的维系方法，如图 8-5 所示。

图 8-5　已交车客户维系

三、客户关系维系的方式

（一）三位一体交车

所谓三位一体交车，指的是客户在提车当日，客户办理完提车手续后，立刻有服务经理与之对接后期的服务问题，包括保修政策、首保提醒、车辆使用保养常识、服务标准、联系方式、紧急问题处理等。

交车是营造终身客户的重要时刻，对于大多数客户来说，车辆的移交是决定、等待和期望过程的高潮。对他来说，车辆移交是一段值得纪念的经历。通过交车客户、销售、售后彼此促进情感，为后续工作开展做好铺垫。

（二）客户回访

1. 回访前的准备工作

客户回访前需要做好一些准备工作，具体内容如下：

（1）了解客户基本信息。查阅客户档案中的客户基本信息，包括客户姓名、电话号码和车型等。

（2）了解负面反馈信息。要特别注意客户档案中记录的客户投诉和索赔内容，这些可能会成为影响本店客户满意度的潜在问题。如果客户再次提及，我们需要想好对策。

（3）电话或者拜访前，准备 1~2 个与业务无关，可以私下交流的话题，这样可以让我们的沟通更轻松。这样的话题需要我们更加关注客户的生活细节，比如，客户朋友圈里展示的近期经历的事情就是不错的选择。这是因为客户既然将它们展示在朋友圈，就是希望更多的人了解和分享。

2. 回访时间节点与注意事项

新车交付后，在什么时间开展哪些维系活动比较合理呢？接下来以某一品牌的工作标准为例，来跟大家分享客户维系的时间节点与事项。

1）当日回访

➢ 销售顾问预计客户到家后，用自己的手机致电客户，感谢客户选择本品牌；

➢ 询问客户驾车时还有哪些问题，提醒客户车辆磨合期的使用注意事项。

话术示例：

王先生，您到家了吗？新车的感觉一切还都不错吧？

路上一切还都顺利吧？

非常感谢您对××品牌和××经销商的信任，再次提醒您新车首保前，一定要注意磨合期的注意事项。

好的，王先生，如果您还有什么需要的话，可以随时给我打电话。祝您用车愉快。

2）交车 3 日回访

➢ 销售顾问确认车况，询问客户是否满意；

➢ 协助客户解决问题；

➢ 提醒后续满意度调研和首保等事项。

话术示例：

您好，王先生，您的爱车已经开了3天，您对新车还满意吧？

嗯，如果车辆使用过程中出现任何问题，您都可以随时给我打电话，或者打电话给您的服务顾问。

王先生，过些天，我们公司会对您进行满意度回访，如果您对我们的产品和服务都满意的话，还希望您能给我更多的鼓励。

王先生，最后，还是提醒您注意磨合期车辆的使用，及时进行首保。

那就不打扰您了，祝您用车愉快。

3）交车7日回访

➤ 销售顾问将交车仪式的照片寄送给客户，同时发送总经理亲笔签名的感谢信/感恩贺卡。

4）交车后1个月

➤ 销售顾问询问车辆使用情况（包括目前行驶里程数），提醒首保事宜，并记录用户当前行驶里程数用于预估首保日期；

➤ 请客户提供转介绍信息（介绍其他客户购车）。

5）交车后3个月

➤ 销售顾问询问车辆使用情况（包括目前行驶里程数），提醒首保事宜，并记录用户当前行驶里程数用于预估首保/下次常规保养日期；

➤ 请客户提供转介绍信息（介绍其他客户购车）。

话术示例：

您好，王先生，我是××品牌××经销商的客服专员×××，请问您现在通话方便吗？

王先生，我想了解一下，您的爱车现在行驶了多少千米？

王先生，记得5 000 km的时候来店做首次保养，并带上保养手册和首保免费凭证，您可以提前打电话给我，或直接联系服务顾问进行预约。

王先生，非常感谢您对我们的大力支持，我们将会为您提供最优质的服务，如果您以后在用车方面有任何事情，都可以随时联系我们，我们会全心为您服务的，我们欢迎您回来为您的爱车进行维修保养，也希望您能介绍您的朋友来店看车。祝您一切顺利，期待与您的再次会面。

我们追求的是终身客户价值，希望客户成为忠诚客户并介绍新客户，所以，客户维系活动不可以只做3个月。

一种更长的客户周期观点是将客户维系周期分为新购期、体验期、保有期和换购期。

一般来讲，我们将购车后的前3个月认定为新购期，在这个阶段，要进行上面提到的当日、3 日、7 日、1 个月以及 3 个月回访。

在车辆使用的第一年，客户会更加用心地体验车辆的方方面面，在体验期，建议至少每隔 3 个月进行一次电话维系。

在后续的车辆保有使用过程中，要进行节假日实时关怀、天气变化实时关怀、活动通知、保养提醒以及续保提醒等客户维系活动。

当客户周期进入换购期时，维系重点变为车辆检测服务、车辆评估服务，以及置换活动。

有了前期良好的客户维护基础，加上定期的客户关怀回访，可以更好地拉近与客户之间的距离，起到事半功倍的作用。

客户回访时，需要抓住客户的关注点，例如：

（1）回访时间能否在空闲时间；

（2）接受电访时所提出的建议能否被接受并改善；

（3）客户的疑问能否立即回答。

要做到以上三点，需要有一定的经验积累。

了解完客户关注点，进行客户回访时就需要有相对应的执行标准：

（1）在事先与客户沟通确认的时段回访；

（2）对有抱怨的客户应及时致歉并询问抱怨原因；

（3）每天向 CRM 经理和服务经理汇报当天的回访情况并提交回访日报；

（4）对回访发现的问题，相关责任人应在 24 h 内向回访专员反馈处理意见；

（5）每天必须准备下一个工作日需回访的客户清单。

客户回访工作不是回访了就结束了，如果遇到客户抱怨等情况，需要对客户提出的抱怨进行分类处理；还需要根据回访情况进行内部整改。

例如：某天回访 100 位客户，有 20 位客户反映车洗不干净，则针对洗车流程和实施情况进行整改。

回访工作不能间断，所以回访统计落实到个人：

例如：某位服务专员接待了 50 位客户，回访结果显示，有 20 位客户反映车洗不干净。但是该店在同一时间回访的 300 位客户中，只有 30 位客户反映车洗不干净。除了针对洗车流程和实施情况进行整改，还需检查该服务专员是否解释过只提供车辆外部清洗服务。

及时处理客户投诉，以客户满意为最终目标。

对于咨询建议的，须有后续反馈电话。

（三）一对一拜访

新车一对一拜访是指新车购买两个月内，4S 店服务人员登门去拜访客户。这种专门的登门拜访可以让客户感到非常受重视。

过程中安排技术人员对车辆进行基本的检测和问诊，加上后文提到的新车推介卡应用，也可以进一步提高转介绍成功率。

这样的一次拜访可以放大并延续新车蜜月期客户的兴奋感，并且能有效地将这种满意转化为再销售促进。

一对一拜访可以：

（1）让客户感到充分的尊重，传播了良好的服务形象。

（2）面对面的交流能进一步融洽客户关系。

（3）也是把口碑效果促成再销售的重要一步。

一对一拜访前要做好相应的准备工作：

（1）服务顾问最好是固定的专职拜访人员，因为上门拜访是一种窗口性服务，要求选择一个个人形象和能力要求都比较高的服务顾问。

（2）维修技师主要负责拜访过程中解答客户对车辆使用和养护的疑问，同时对客户车辆做检修，对发现的技术问题进行现场处理或者回厂后跟踪处理。

由于涉及车辆故障跟踪处理，维修技师最好能固定，从而更有效地保证客户反映的车辆问题得到跟踪闭环。

一对一拜访服务顾问岗位职责：

（1）负责客户拜访整体工作安排。协调安排拜访专用车辆和燃油、随行技师和司机、拜访赠送礼品等；帮助随行维修技师协调常用备件、耗材等；必要时请求服务经理的支持，确保拜访工作顺利开展。

（2）筛选客户名单，制订一对一拜访计划，并根据计划安排好拜访工作。

（3）预约客户，确认时间，安排当日拜访路线。

（4）提前准备好客户拜访过程中各种表格、卡片、相机等拜访工具。

（5）做好客户车辆的问诊记录登记，协调4S店资源跟踪处理，保证及时闭环，并及时将信息反馈给客户或者相应业务部门。

（6）拜访中完善客户档案，并做好动态维护更新。

维修技师职责：

（1）做好拜访前的技术准备，如随车维修工具、备件、辅料等。

（2）服务团队登门拜访时，解答客户关于车辆使用和日常维护保养的疑问。

（3）按作业要求对车辆进行检查、检测和清洁，以及基本的故障诊断和处理。

（4）定期将车辆问题跟踪汇总反馈给服务顾问。

一对一拜访体现出专业性

硬件配置要求：

对于车辆，一般选用本品牌车型，要保证有足够空间坐下三人，还有一定空间放置简单的检修设备和物料。

对于车贴，主色调醒目，容易识别，在城市穿梭时有良好的视觉效果；体现产品品牌或服务品牌的 logo，容易被识别；体现"探访车"的字样，无论是客户还是其他人看到车辆时，容易联想到高品质服务。

对于物料，主要包括燃油、工具、配件、辅料、相关表格、数码相机、条幅等。

一对一拜访的业务流程可分为三个阶段：拜访前、拜访中、拜访后。

1. 拜访准备阶段

拜访准备阶段完成客户档案的筛选，从近期销售的客户档案中选择合适的拜访对象，然后分区域集中预约。对于确认拜访的客户，规划好拜访路线，以保证在逐一拜访完毕的前提下费用最低。

2. 具体拜访过程

具体拜访过程指上门见到客户的一系列环节，包括自我介绍并赠送交车照片、车辆问诊和检测、邀请新客户推介等环节，最后和客户留影告别。

探访过程突出通过寒暄进一步融洽客户关系，通过车辆问诊和检测让客户安心，通过邀请新车推介挖掘蜜月期客户价值这几个核心价值点。

3. 后续处理

拜访过程中往往会发现一些产品瑕疵或者故障表现，由于受条件所限而无法现场解决，需要进一步跟踪处理，并将结果及时反馈给客户。另外，每月输出拜访工作报告也是拜访团队工作梳理和提升工作质量的重要环节。

（四）俱乐部建设

为了更好地进行客户关系维系，以俱乐部形式维护也是非常有效的。客户俱乐部建设流程：

（1）经销店组织发起俱乐部的规划并管理。

（2）创造和客户定期沟通的机会，从而为客户提供定制化的服务。

（3）为会员提供真正的感知价值。

（4）定期沟通与价值导向是俱乐部目标的两大支柱。

（5）会员不仅包括保有客户，还包括潜在客户、大客户和合作伙伴。

俱乐部建设的基础：

（1）俱乐部的职能是客户管理。

（2）客户经营成功需要的是客制化的服务。

（3）时间是客户关系维系的关键。

（4）俱乐部是与客户对话具体可行方案之一。

经销店必须建立客户俱乐部，因为：客户有这方面需求；是经销店低成本高效维系客户的需求；可以针对不同级别客户实施差异行销。

四、客户关系维系的注意事项与执行建议

（一）注意事项

1. 关怀客户，了解产品的使用情况，解决产品在使用中发生的问题。

对客户的关怀，最直接有效的就是关心客户的车辆使用情况。我们与客户之间不是"一锤子买卖"，我们卖出去的是关乎客户安全的、使用期限长达 10 年甚至更久的、大件耐用消费品，要让客户觉得用车有保障、对品牌和产品有信心。

现实客户跟踪
的常见问题

了解产品的使用情况，就会收到各种关于使用问题的反馈，比如功能操作、质量问题、售后维修等，这些反馈可能是理性的阐述，也可能是情绪激烈的抱怨。提高我们解决问题的能力，既要会解决技术问题，也要会处理客户情绪，很多时候，处理情绪比处理问题更重要。

不同的车型、不同的使用环境、不同的产品使用周期，会出现不同的问题，要解决这些问题，不仅需要经验的积累，更需要系统地学习，以提高我们客户维系中为客户解决问题的能力，让客户觉得接听我们的回访电话是有价值的。

2. 做好跟踪前的准备工作。

跟踪前需要掌握客户的详细信息，了解客户曾经有过的负面反馈，以及一些私人话题，很多销售顾问将客户回访当作例行公事的重复性工作，每个回访电话的内容都是一样的。我们的"不在乎"自然只会得到客户的"不在乎"，我们重视才能换来客户的满意度与忠诚度。

客户维系是有计划、有针对性的活动，计划不仅是时间上的计划，还包括内容和形式上的计划。形成对客户全方位的关怀，除了关心客户是否购车以及车辆使用情况外，还可以关心客户的假期如何度过并给出与车相关的建议、关心客户的新年愿望是否与汽车相关等。有针对性的客户维系应该是"一人一策"，每个客户的自然情况、用车需求都不相同，准备得越详细，客户才会越真切地感受到我们的用心。

（二）执行建议

1. 每次准备一个新话题

面对潜在客户，如果回访内容永远是"您买车了吗？""来店里看看啊？"，面对现实客户，如果回访内容永远是"记得回店保养啊。""记得介绍新客户给我啊。"，这样的客户维系不但会让客户厌烦，还会传递一个信息，就是销售顾问只关心"我手里的钱"。

潜在客户跟踪
的常见问题

我们与客户之间的话题还可以是"免费的"。客户在购车之前，可以经常来店里参加各种体验活动，购车之后，我们可以朋友的身份关心客户的用车生活，甚至与车辆无关的其他客户关心的事。

做一个关注客户、热爱生活的人，我们就能发现更多有意义的话题。

2. 试试上门服务

不管是未成交的潜在客户，还是已经成交的现实客户，上门服务都是最真诚的方式，很多客户会被我们的真诚所打动。虽然上门服务的成本很高，但其对于客户满意度、客户忠诚度、品牌口碑等都有很好的提升作用。

当客户因为"工作忙，没有时间"等理由不能来店时，我们准备好产品资料、订单合同、服务工具等，做一次精心准备的拜访。这样的上门服务对于大客户具有现实意义，对于个人客户同样具有广泛的传播价值。

3. 尝试多种跟踪方式

在信息与网络高度发达的今天，电话回访变成了一种传统并且显得有些机械的方式。客户开发工作已经适应网络时代的变化，逐渐多渠道、多样化了，客户跟踪与维系工作也应该顺势而变。比如，办公固定电话显得专业，私人手机却更加亲切和温暖；发一段视频来提醒使用操作，要比文字更有效；对于专业性很高的信息，电子邮件也许是不错的选择。

不同的跟踪内容需要不同的方式，选择恰当的方式可以帮助我们更加有效地实现目标。当然，根据客户不同的使用习惯，跟踪方式也有所区别。比如，工作繁忙的人更喜欢电话的高效性和邮件的专业性，年轻人更容易接受微信、微博、短视频等新鲜的手段，有人在工作时间不方便接听电话，等等，我们可以在客户离店前试着问一句"您习惯什么联络方式?"，或者将公司的官方微博、微信公众号、抖音号等推送给恰当的客户。

在线测验

练一练：登录 http://www.zhihuishu.com/，完成在线测验题。

课后拓学

拓展任务

试一试：请教企业导师，搜集一个实际的客户维系案例。

谈一谈：通过案例，你有哪些收获？

案例分享

　　某经销店在三四季度的 CS 成绩相对于上半年有所滑落，为此，相关部门的负责人召开了紧急研讨会议。经过仔细分析，负责人发现销售 SSI 的成绩下滑，主要原因来自交车环节。之后，负责人又紧急召开了销售顾问研讨会。销售顾问反映：日交车量的确是很大，不过工作都是按着要求去做，但是很多客户因为是首次接触车辆，对车辆的构造及名称不是十分了解，不能在现场记清楚销售顾问的讲解。对于客户关系部来说，此时几个并列的问题同时出现：

　　（1）如何让销售顾问牢记每一位交车客户，并根据客户现场对车辆的了解程度进行紧急的跟踪详解？

　　（2）提取爱车对客户来讲是一件难忘的事情，如何在这样一个特殊的时刻给客户留下一个深刻的记忆？

　　（3）如何让客户有任何车辆问题需要咨询的时候，第一时间找到我们？

　　该经销店的创意是，购买了一台照片打印机，并亲自设计制作了一个在交车时送给客户的皮夹。这个皮夹里有一栏专门安放交车时所有工作人员和车主的照片合影，另一栏放置保养手册和销售顾问及后期联系人的照片，并附有联系方式和签名。这样客户无论在什么时候都可以联系到需要的人。销售顾问也可以随时查看自己与客户交车时的合影，回忆起当时交车的情景，更容易记住客户。

附件：参考话术

1. 现实客户-交车后回访

交车后，销售顾问应该按规定的时间与客户联系，并询问客户对于车辆的使用情况，确保客户满意。

××先生/女士，您好，我是××店的销售顾问××，想占用您几分钟的时间做一个简单的电话回访，请问您现在方便接电话吗？

（如不方便）不好意思，打扰了，您看我××时间再打给您好吗？

我这次电话主要是了解一下您的新车使用情况，还满意吗？有什么需要我们帮忙的吗？

（如涉及）您的车是否已经上好牌照了？您把车牌号告诉我，我做个登记，方便您保养的时候调用档案。

您的新车在首保前请注意……（车速、油品使用、新车装饰等方面的注意事项）

（争取获得客户推介的新的潜在客户）

感谢您对我和××品牌的信任，我们会继续努力为您提供最好的服务，同时也希望您可以让您有购车想法的朋友成为我的客户，让我能有机会也为您的好友提供竭诚的服务。

我们公司的客服部门和厂家随后也会给您致电了解使用情况和满意度，希望我给您提供的服务能让您感到满意。

2. 现实客户-客户提出异议

面对客户的问题，应积极地倾听、复述、澄清，并提供解决方案。

××先生/女士，您是说刹车时会有异响是吗？为了更好地为您提供服务，可否请您详细讲一下实际的情况？……是的，我了解您的车在紧急刹车时会有异响，这是新车磨合期的现象，您别担心，我建议您来厂，让维修技师帮您的爱车检查一下。

3. 现实客户-对客户的推荐给予诚挚的感谢

××先生/女士，感谢您给我一个为您朋友服务的机会，您放心，您的朋友就是我的朋友，我一定会像为您服务一样为他服务，一定不会让您与您的朋友失望的。

4. 潜在客户-客户离店24小时内，发出感谢短信

××先生/女士，感谢您今天的到访，我的名片上有我的24小时联系电话，下次公司有活动或优惠，我会第一时间通知您，期待您的再次光临。我是您的销售顾问××。

5. 潜在客户-销售顾问询问客户是否已经做出决定，并询问原因

××先生/女士，您好，我是××店的销售顾问××，您前天来我们展厅看过××车，我陪同您试驾过，您也觉得很满意。您现在的购车计划有什么变化吗？

6. 潜在客户-询问客户是否还在考虑其他车型，并询问原因

（客户还在犹豫）冒昧地问您一下，您除了××车型之外还有什么车在考虑呢？您考虑它的主要原因是什么？您觉得我们的产品有什么让您觉得不太满意的地方吗？

7. 潜在客户-销售顾问为客户提供各种令其感兴趣的提议，努力邀约客户来店

××先生/女士，您好！我是××店的销售顾问××，您还有印象吗？您现在方便接电话吗？是这样的，上次您来看车，时间也比较赶，这周我们店里正好举办"VIP试驾"活动，我特别为您预留了VIP的席位，您可以和您的家人一起来深度感受××车型的驾驶性能。不知道您这周六早上或下午哪个时段比较方便？

8. 潜在客户-为客户提供新的价值（试乘试驾，或其他的促销方案等）

××先生/女士，成为××品牌的车主后，您可以加入我们的车主俱乐部，享受我们为您带来的各项服务和社交活动，比如高尔夫/自驾游/驾驶训练课程/酒会/各种公益活动等，都会给您带来不同的生活乐趣。

××先生/女士，我们从今天开始店庆，所有在此期间购车的客户都可以得到一个店庆礼包，包括一系列销售和维修服务的优惠。您周末哪天有时间呢？可以来展厅看看。

9. 潜在客户-销售顾问在电话里提出再次邀请客户参观经销商或进行试车体验

　　××先生/女士，我希望您有时间的时候，可以带上家人一起再到展厅看看，我陪您和您的家人做一次深度试驾，相信您会对我们的产品有更全面的了解。……那您看您什么时间方便来展厅呢？后天正好是周末，我也上班，您看后天如何？

　　10. 潜在客户–销售顾问询问客户下一次联系的时间

　　××先生/女士，我什么时间再联系您呢？……好的，那我到时候再给您打电话，我明天会将新一期的××杂志寄给您，您的地址是……希望很快可以再见到您。